통(通)통(通)한
커뮤니케이션

| 들어가며 |

흔히 대화가 무엇이냐는 물음을 받으면, 대부분의 사람은 "대화란 주고받는 말"이라고 대답한다. 그들의 말처럼 대화란 이론상 '말함으로써 주는 것' 만큼 '들음으로써 받는 것'을 전제하지만, 실상 수많은 대화를 진행하며 많은 부분에서 스스로 독백만 하고 있다는 것을 느끼게 될 것이다.

"대화란 독백이 아닌 다성(多聲)적이라는 것, 서로 주고받음을 인식해야 한다는 것" 이것이 15년째 대화법 혹은 의사소통기법이라는 제목으로 수없이 강의를 진행하며 목격한 과제이다.

내 기분에 따라, 나의 성향에 따라 혹은 환경에 따라 달라지는 것이 대화이다. 그뿐만 아니라 시대의 변화에 따른 대화방식의 변화도 한몫을 하고 있다.

그렇다면 대화를 잘한다는 것은 과연 무엇일까?

단지 내가 하는 말을 듣고 상대가 설득된다는 것을 의미할까?

아니면 요즘 많이들 선호하는 스피치의 능숙함이 대화를 잘하는 것일까?

내가 많은 사람을 만나며 결론지은 답은 "대화란 잘 들어주는 것이자, 질문을 적당히 잘하는 것"이라는 점이다.

세계적인 부호들에게 성공 비결을 물으면 대부분이 "나는 말을 많이 하지 않았으며, 잘 들었을 뿐이다."라는 뉘앙스의 말을 한다. 즉, 대화의 성공과 비즈니스에서의 성공은 남의 말을 잘 듣는 데 비결이 있는 것이다.

그럼 잘 듣기 위해서는 무엇을 해야 하는가.

나는 이 책을 통해 그 답을 '좋은 관계 맺음'이라고 말하고 싶다.

여러분이 그렇게 어렵게 생각하는 자녀들과의 대화에서, 부부간의 대화에서, 더 나아가 이웃 간의 대화에서도 서로 간의 관계 맺음이 대화의 성공을 좌우한다. 관계 맺음의 실패는 이윽고 대화의 실패만을 낳을 뿐이다.

그렇다면 자녀와의, 부부간의, 이웃 간의 관계 맺음을 어떻게 시작해야 할 것인가? 가깝게는 우리나라의 옛 글귀들에서부터 그 실마리를 찾을 수 있다. 밥상머리 대화가 가족의 평화와 자식의 성공을 만든다는 속담을 떠올려보라. 부모와 자식 간의 성공적인 대화는 밥상머리만큼의 일상적인 공간 속에서 존중과 배려라는 관계 맺음에서부터 이루어질 수 있다.

그렇다면 베갯잇 송사라는 말은 어떠한가. 부부간의 솔직함이 묻어나는 침대 머리의 일상 속에서부터 대화의 실마리가 시작된다. 사랑과 신뢰로 맺어지는 베갯잇 관계 맺음은 아름다운 부부 대화를 이루어낼 것이다.

마지막으로 요즘 유행하는 "너의 목소리가 들려"라는 어구를 떠올려보라. 타인의 입장을 고려하고, 자신의 귀를 여는 순간 나를 둘러싼 수많은 목소리가 들리기 시작할 것이다. 이렇듯 일상에서의 단순한 태도 변화가 새로운 관계 맺음을 만들어내며, 웃음과 관심으로 가득 찬 이웃과의 대화를 형성해낼 것이다. 이 책을 쓰며 소망하는 바는 여러분이 만들어낼 소박한 관계 맺음이 빚어낼 거대한 대화의 장을 목격하는 것이다.

이 글을 통해 여러분은 먼저 "나는 나와 통(通)하는 사람이 되며", 더 나아가 "너와의 통(通)을 이루어낼 것이며", 이를 통해 자연히 "우리 모두의 통(通)"을 이루어낼 것이라 믿는다.

또한, 부족하지만 이 글을 통해 만들어낸 서로 간의 관계 맺음이 '통통(通通)한 커뮤니케이션으로 가득한 건강한 가정', '행복한 사회'를 구성하게 될 것이라는 작은 소망을 품어 본다.

이 책이 나오기까지 도움을 주신 다클아카데미 박영찬 대표님, 코리아플러스의 정영래 대표님, 그리고 서울대에서 현대소설교육을 전공하고 있는 조카 창수, 그리고 끊임없이 나의 후원자가 되어준 가족, 특히 두 아들 윤관, 형관에게 고마움을 전한다. 그리고 무엇보다 제 강의를 들어주시고, 저를 이 자리까지 있게 해 주신 수많은 수강자님께 심심한 감사의 말씀을 전한다.

2016년 12월 12일

윤혜숙

| 축하의글 |

    사람은 혼자 살 수 없고, 사는 동안 끊임없이 자신과 남과 대화를 한다. 대화를 통한 사람 사이의 소통은 우리를 행복하게도 하고 불행하게도 한다.

    사회도 원만한 소통이 없이는 발전하기 어렵다. 이런 맥락에서 윤혜숙 회장의 대화와 소통에 관한 오랜 강의 경험과 연구 결과인『통 통한 커뮤니케이션』은 "나, 너, 우리"와의 소통하는 대화법을 제시함으로써, 그동안의 우리의 대화법을 돌이켜 보게 하고 원만한 관계를 위한 대화와 소통에 관한 구체적이고 따뜻한 조언을 하고 있다. 이 책을 읽고 윤회장의 조언대로 통통한 대화를 실천하여 모두 행복한 나날이 되고 후손들에게 보다 살만한 사회를 넘겨주길 길 바란다.

- 충북대학교 윤기호 교수(문학박사) -

| 축하의 글 |

　소통이 삶의 화두가 된 시대입니다.
　하지만, 실제로는 '소통'이라는 구호만 요란할 뿐, 알맹이가 없는 소통이 대부분입니다.
　진정한 소통을 위해서는 눈높이를 맞춰야 하고, 마음을 나누고, 생각에 공감할 수 있어야 합니다. 윤혜숙 선생님께서 출간하신 '통통한 커뮤니케이션 전략'에는 '진짜 소통'을 하기 위한 유용한 방법들이 담겨 있습니다.
　'진정한 소통'을 갈망하는 이 시대의 많은 분들에게 널리 읽혀지기를 바랍니다.

− 대전광역시장 **권선택** −

| 축하의 글 |

인생을 맛깔나게 요리하는 진실한 삶의 선두 주자!

며칠 전 사무실에 들어서는 윤혜숙 회장님을 처음 보았는데, 커피를 마시면서 서로 이야기를 나누다 보니 어느새 자주 만난 사람들처럼 흉허물이 없이 막힘없는 대화를 나눌 수 있었습니다. 교직에 잠깐 봉직하다 시작한 강사의 길, 그 길의 시작이 어찌 순탄하기만 했을까 만은 현재 대전지역사회교육협의회 회장을 맡아 막중한 일을 하고 있는 위치까지 올라온 지금, 얼마나 많은 어려움을 다 극복하였을까 생각하니 절로 고개가 숙여집니다.

통(通)통(通)한 커뮤니케이션!

이 책의 내용을 읽으면서 윤혜숙 회장님의 삶의 철학을 가슴으로 느끼고 마음으로 감동하면서 부족한 제 삶의 이정표도 다시 세우고 싶을 만큼 큰 길잡이가 되는 것 같습니다.

앞으로 윤 회장님이 꿈꾸고 있는 모든 일들이 순탄하시길 기원드리며, 2017년 정유해에도 사회의 빛과 소금이 되길 빕니다.

– 주간 한국문학신문 · 월간 국보문학 발행인 임수홍 –

인생 - 5

임수홍

꿈을 꾸던 소년
끈끈이주걱처럼 온몸 탈바꿈해
삶의 절벽 기어오른다

아슬아슬한 삶
절벽에서 바람 맞으며
버거워 벗어던진
이루지 못한 것들의 아쉬움

그래도 아직
뿌리가 남아 있어
오늘도 험준한 암벽을 타는
저 불굴의 크라이머

| 축하의 글 |

   인공지능의 등장은 머지않아 우리 젊은 이들의 직업을 몽땅 빼앗을 기세다. 아마도 20년 내에 절반 이상의 직업이 사라질 운명이라고 한다. 과연 우리 젊은이들은 미래사회에서 어떤 직업으로 살아남아야 할 것인가?

   그 해답은 사람과의 관계나 상담 분야의 직업만 살아남을 거라는 전망이다. 이러한 맥락에서 소통의 기술과 능력은 미래사회에 우리 젊은이들이 살아남을 수 있는 매우 중요한 경쟁력이다. 윤혜숙 회장의 현장 경험을 바탕으로 한 소통의 기술과 능력을 기르는 통통 튀는 비법을 귀담아 들어보자.

- 대전대 행정학과 교수 이창기
(전 대전발전연구원장) -

| 축하의 글 |

    대화의 목적은 상호 존경에 근거한 소통을 통해 공감대를 형성하는데 있습니다.

    윤혜숙 선생님은 부모교육, 가정교육, 학교교육의 전문가로서 이번에 저술한 '통통한 커뮤니케이션'은 나와 통하고 상대와 통하고 세상과 통하는 여러 가지 실제 경험에서 나온 유익한 방법들이 제시된 따뜻한 책입니다.

    통하면 세상과 하나 되고 불통하면 고통이 따르듯이 이 책의 출판을 계기로 대한민국이 가정의 소통, 이웃의 소통, 사회의 소통으로 좀 더 공감과 배려가 넘쳐나는 아름다운 사회가 되었으면 합니다.

– 다클아카데미 대표 박영찬 –

| 축하의 글 |

  현대의 물신 사회에서 부족한 자원은 관심이다. 현대인의 관심은 타인뿐만 아니라 자신에 대해서도 부족하다.
  관심의 부재는 너와 나, 나와 자신의 소통 장애에 기인한다는 측면에서 본서는 소통의 중요성을 깨닫게 하는 좋은 생활 지침서이다. 행복한 通통!

– 총신대 류정욱 교수(시인) –

| 축하의 글 |

"하나의 목소리는 아무것도 종결시키지 않으며 아무것도 해결하지 못하고,

두 개의 목소리는 삶을 위한 최소한의 것이며 존재를 위한 최소한의 것이다."

이 말은 대화주의와 다성성(多聲性)의 세계를 조명한 미하일 바흐친이 『말의 미학』에서 제시하는 대화의 정의이다. 인간은 타자와의 조우를 통해 자신을 인식하고, 그 존재론적 가치를 탐색하게 되며, 이러한 관계 맺기는 바로 대화(커뮤니케이션)라는 '말(言)'의 작용이 빚어내는 신비로운 결과라고 할 수 있다.

이렇듯 대화를 통해 형성되는 폭발적인 의미화 작용이 인간이 자신을 둘러싼 타자와의 관계 맺기를 실현한다는 관점에서 윤혜숙 선생의 '통(通)통(通)통(通) 커뮤니케이션 전략'은 관계 형성의 기초로써 새로운 소통의 장(場)을 여는 데 지침이 될 것이다.

– 서울대 국어교육과 현대소설전공 호창수 –

Contents

제1부 스마트시대 나와의 소통

1. 스마트시대의 소통

1) 우리는 어디에서 살까? 20
2) 모바일 기기로 인해 만남이 적어지고 있다 21
3) 대면접촉의 기회가 적어지고 있다 23
4) 인간 행동을 이해하라 24

2. 대화를 잘하는 사람이 관계 또한 좋다

1) 대화 없는 생활은 없다 27
2) 말할 수 있는 능력과 다르다 28
3) 말을 통해 판단한다. 31

3. 휴먼 커뮤니케이션을 하라

1) 변화무쌍한 것이 인간관계 33
2) 문제는 사고와 습관이다 34
3) 커뮤니케이션 습관으로 나타난다 36
4) 이제는 커뮤니케이션이 대세다. 37

4. 인간관계를 좋게하는 마음 태도

1) 여유로움을 가져라 39
2) 반드시 소중한 사람이라고 생각하라 40
3) 장기적 관점에서 사람을 대하라 41
4) 긍정적 언어를 사용하라 43

Contents

제2부 마음의 문을 여는 너와의 소통

1. 사랑받는 인간관계를 만드는 법

  1) 인간관계가 좋은 사람들의 공통점   46
  2) 인간관계 원칙을 바꾸어 보라.   48

2. 인간적 나눔의 커뮤니케이션

  1) 능숙하게 교제하는 것에 초점을 맞추라   52
  2) 관계의 질을 고려한 커뮤니케이션을 하라   53
  3) 3가지 커뮤니케이션 스킬   55
  4) 자기 개시적 주장을 하라   57

3. 상대에게 호의를 얻는 법

  1) 대인관계의 프로세스   61
  2) 적극적으로 웃는 얼굴로 다가가라.   63
  3) 커뮤니케이션의 밸런스를 생각하라   64

4. 행복한 커뮤니케이션을 하는 법

  1) 기적질문을 하도록 하라   68

2) 더 많은 행복을 돌려주라	69
3) 지지적 커뮤니케이션을 하라	71

5. 상대의 닫힌 마음의 문을 여는 법

1) 상대의 경계심을 풀도록 노력하라	75
2) 상대의「가치 있는 동기」를 인정해 주라	77
3) 실패한 경험을 적극적으로 자기개시 하라	79

6. 자존심을 건드리지 않고 비평하는 법

1) 상대의 자존심이나 체면을 손상시키지 말라	82
2) 비평으로 시작하고 칭찬으로 끝나도록 하라	83

7. 부탁과 거절의 소통스킬

1) 효과적으로 부탁하기	86
2) 상처 주지 않고 거절하기	89

8. 인맥 관리하는 스킬

1) 사람이 재산이다	92
2) 폭넓은 관계를 맺어보라	94
3) 상사의 눈에 들도록 하라	97

Contents

제3부 행복한 관계를 위한 우리들의 소통

1. 사람들을 가깝게 만드는 대화의 기술

1) 사람이 기회이다   102
2) 존중하는 커뮤니케이션을 하라   105
3) 공감하는 커뮤니케이션을 하라   106

2. 호감을 주는 친밀한 관계로 만드는 방법

1) 친밀함은 삶을 행복하게 한다   108
2) 지속적인 관심을 기울여라   109
3) 이름을 잘 기억하라   110
4) 칭찬과 감사가 행복을 불러온다   111
5) 미덕의 언어로 말하라   113

❖ 부록

- ♣ 가족 간의 마음을 여는 커뮤니케이션 전략!   118
  "밥상머리 커뮤니케이션!"
- ♣ 부부간의 마음을 여는 커뮤니케이션 전략!   122
  "베갯잇 커뮤니케이션!"
- ♣ 롱다리쌤(윤혜숙)의   124
  "다섯손가락 커뮤니케이션!"

제1부

스마트시대
나와의 소통

1. 스마트시대의 소통

1) 우리는 어디에서 살까

우리는 어디에서 어떻게 살고 있는가?

사람과 사람들 속에 관계를 맺으면서 살아가고 있다.

"사람은 완전히 혼자서 살아갈 수 없다"라고 중세 시대의 성공회 신부이자 시인인 존 돈(John Donne)은 말했다.

사람이 한 사람으로서 생존하기 위해선 절대적으로 타인들을 필요로 하기 때문에, 사람들끼리 연관이 되는 관계는 필연적인 생존의 관계라고 할 수 있다.

사람을 지칭하는 인간(人間)이라는 말 자체가 인간관계를 반영하고 있을 만큼, 우리는 인간관계 속에서 태어나서 그 관계 속에서 살다가 죽음으로서 그 관계를 벗어난다.

국어사전에서는 인간관계를 '인간과 인간, 또는 인간과 집단과의 관계를 통틀어 이르는 말'이라고 하고, 인간관계론에서는 넓은 의미에서 인간관계는 조직 속의 관계이든 개인적이든 갈등관계이든 협력적 관계이든 두 사람 이상의 '상호작용'을 일컫는 말이라고 정의를 한다.

인간관계 = 커뮤니케이션 관계

인간관계에는 사람 간의 상호작용이 있다. 여기서 상호작용은 이른바 커뮤니케이션(communication)이다.

우리는 감정을 가진 동물이라서 인간관계도 주로 감정으로 느끼고 받아들이게 된다.

우리가 살아가면서 다른 사람과의 관계가 한번 좋으면 영원히 좋은 관계로 붙박이로 고정이 되는 것이 아니라, 환경에 따라 느끼는 감정도 관계도 때로는 변할 수밖에 없다.

2) 모바일 기기로 인해 만남이 적어지고 있다

컴퓨터와 인터넷의 보급, IT기술의 발전으로 인해, 모바일 기기가 많이 보급되면서 통화는 물론 게임 등 다양한 기능을 가진 스마트폰은 우리의 관계를 온라인상에서나마 즉

시 소통하게 하는 긍정적인 측면도 있지만, 스마트폰이 없는 현대인은 불안 증세를 느낀다고 할 정도로 부정적인 면 또한 없지 않다.

모바일 기기 = 커뮤니케이션 툴(tool)

스마트폰은 언제든지, 어느 곳에서든지 메시지를 주고받을 수가 있는 기능을 가진 기기가 아닌가? 그래서 생각나면 즉각 터치해서 안부를 묻고 용건을 말한다. 정액제로 하면 무제한으로 사용할 수 있으니까 '어제 뭐 했니?' 라는 시시콜콜한 얘기로 조금 지난 얘기까지 수다를 늘어놓는다.

통화를 했으니 굳이 얼굴을 봐야 할 필요성을 느끼지 못한다. 사람들과의 얼굴을 맞대고 숨결과 몸짓을 느끼는 1대 1 소통을 그만큼 감소시키고 있다는 현상을 누구나 느끼고 있다.

3) 대면접촉의 기회가 적어지고 있다.

 음성통화는 얼굴을 안 보고 하니까 듣는지 안 듣는지 알 수 없고, 상대는 그저 듣고 있다는 반응을 하는 경우도 있다. 또 문자는 메시지만 오고 가니, 서로의 깊은 마음까지 드러낼 수가 없다. 대부분 통화는 어느 정도 소수의 친한 사이에서 오고 가는 양이 많을 뿐, 초면의 사람이나 덜 친한 사람과의 통화는 당연히 적은 것도 사실이다.

 이런 현상 이면에는 얼굴을 보지 않고 말하는 것이 편하다, 번거롭지 않다고 느끼는 사람들도 늘어가고, 그중에는 상처 입기 싫어서 타인과의 접촉을 피하는 경우도 있다. 문제는 만나서 얘기하는 깊은 마음이 통하는 것이 없다는 데에 있다.

 그 결과 가족 간이나 직장 내에서도 대면하며 대화를 하는 경우가 점점 줄어들고 있어 내면에서 우러나오는 감정의 교류가 적어지고, 어떻게 자신의 마음과 의견을 전하면 좋은 것인지를 모르는 젊은 세대가 늘어가고 있다. 한마디로 대면접촉의 노하우(knowhow)가 부족하다.

 그 결과 대부분의 인간관계는 속마음을 나누는 관계가 아닌 드라이한 관계가 되어가고, 그리고 사회에 적응하며 성공과 행복을 이루어나가는 역동적인 관계가 되지 못하고 있다.

이는 매우 안타까운 일이 아닐 수 없다.

젊은 세대들은 대면 접촉의 노하우가 부족하기 때문에 가족 간의 인간관계, 직장 상하 간의 인간관계, 비즈니스상의 인간관계에서 많은 사람들이 스마트하게 대응하지 못해 마음속으로 끙끙거리며 '내 인생이 왜 이렇게 꼬이지?'하며 고민하는 사람들이 적지 않다. 그래서 굳은 얼굴들을 한 현대인들이 많다.

정보화의 사회 속에 진정한 대화가 부족하게 되면서 독신적인 삶을 추구할 수 있는 문제가 발생할 수 있다는 우려의 목소리도 있다. 최근에 들어서서 결혼상담 사업이 크게 발전하고 있고 결혼이 늦어지고 홀로 사는 사람이 많아져 가는 팩트는 이를 반증해준다.

4) 인간 행동을 이해하라

"인간은 자신을 타인이 이해할 수 있게 하는 능력을 발전시킬수록 그 정도에 따라 사회인으로서 쓸모 있는 기회를 개척하게 되는 것이다. 아주 간단한 일에도 서로 협력이 필요한 현대 사회에서 각자가 서로를 이해한다는 것이 무엇보다도 필요하다는 것은 재론할 필요조차 없다.

말이란 이해의 주요 수단인 만큼 우리가 이것을 막연하게 하지 말고 명확하게 분류해서 쓰는 방법을 배우지 않으면 안 된다."

미국의 최고 경영자 중 한 사람인 오웬 D. 영이 한 말이다.

우리가 효과적인 커뮤니케이션을 하기 위해서 쉽게 생각해서는 아니 되며, 우리들이 어떻게 생각하고 어떻게 마음을 바꾸는지를 알고 이에 적절히 대응하면서 해야 한다.

"존재하는 것은 지각되어지는 것만 존재한다." 17세기 독일의 철학자 라이프니쯔가 한 말이다.

지각이란 개인이 환경을 이해하고 해석하는 과정이다. 우리의 지각과 인지는 기본적으로 자기중심적이다.

어떤 현상에 대하여 그것의 진상을 파악하는 일에 있어서 자신의 직업을 비롯한 입장, 학식이나 과거 경험이 포함된 생각, 상황에서 느끼는 감정 등에 기초해서 지각하고 판단을 한다. 그리고 자신이 본 대로 느낀 대로 믿는다.

비가 내리고 있다고 하자. 대중교통 운전기사는 비가 오니

운전을 원활히 할 수 없어서 싫다고 하는 반면에, 농부는 농사를 위해 논에 충분히 물을 댈 수 있어서 좋다고 한다. 이 예를 보더라도 사람마다 본 것과 느낀 것이 다르다.

이와 같이 지각과 인지의 차이는 당연히 의견의 차이를 가져온다. 인간관계에 있어서 갈등과 다툼이 일어나는 이유가 지각과 인지의 차이에서 비롯된 의견 대립에서 일어난다.

지각과 인지의 차이 → 의견 대립 → 갈등

사람들은 간혹 자신의 행동은 상대의 자극에 대한 반응이라고 생각하고, 따라서 '네 탓'이라고 하는 바와 같이 모든 문제의 발단은 상대에게 책임이 있다고 생각하는 경우가 많이 있다. 이는 단적으로 자기중심적 사고를 보여준다고 하겠다.

이런 사고가 직접적으로 말로 표현되고, 아무리 감추려고 해도 말과 행동에 영향을 미친다. 그래서 사람들은 상대의 입장을 고려하지 않고 자신의 주장을 앞세우려고 한다. 그래서는 다른 사람과의 관계가 원만하지 못하게 된다.

2. 대화를 잘하는 사람이 관계 또한 좋다

1) 대화 없는 생활은 없다

우리가 하는 상호작용인 커뮤니케이션에는 말로 하는 스피치 커뮤니케이션과 문자로 하는 커뮤니케이션이 있는데, 주로 하는 것은 대화를 통한 소통이다.

스피치(speech)란 '말', '말하기', '발언' 또는 '말하는 능력'이라고 풀이한다. 그러나 일반적으로 스피치는 말하기와는 구분하여 화술이라고 하거나, 주어진 시간과 장소에서 사람을 대상으로 기술적으로 말하는 것인 연설 또는 발표를 의미하기도 한다.

우리가 누구를 만나든지 그 만남은 말로 시작되고 말로 끝나기 마련이다. 말은 대개 주고받는다. 말을 주고받는 상호작용이 얼굴을 마주 보며 하는 대화라는 1대 1의 커뮤니케이션인 것이다.

소설 『이방인』을 쓴 카뮈는 "사람과 사람의 대화 없이는 생활은 존재하지 않는다."라고 말했다.

일상에서 식사나 일을 하든, 물건을 사든, 휴식을 취하든지 대부분 다른 사람과의 커뮤니케이션, 특히 설득 행위가 개입되어 있다.

대화라는 커뮤니케이션이 없다면 우리는 생활할 수 없기 때문에, 심지어 '대화는 우리가 숨을 쉬는 공기(空氣)와 같다'고 비유하기도 한다.

2) 말할 수 있는 능력과 다르다

이론상 말로 하는 커뮤니케이션이 이루어지기 위해선 말하는 사람(전달자)과 듣는 사람(수신자)으로 나눌 수 있다. 여기에는 주로 두 사람 간의 대화와 여러 사람들에게 하는 연설이 있을 수 있다.

1대 N의 커뮤니케이션인 연설과 달리 1대 1의 커뮤니케이션인 대화는 누가 전달자이고 누가 수신자인지를 굳이 구별할 필요 없이, 마치 탁구 경기와 같이 전달자와 수신자가 동시적으로 혹은 교대로 말을 하고 듣는 교류(交流)의 과정이다.

특히 '부모−자식'의 커뮤니케이션 기법으로서의 대화를 논의하기 위해서 이 부분에서 착안한 '밥상머리 대화'라는 논의점이 가능할 것으로 보입니다.

'밥상머리 대화' (부모−자식)
'베갯머리 송사' (부부 간)

등등 관계에 따른 커뮤니케이션 유형을 항목화하여 재미나게 표현할 수도 있을 것 같다.

대화에는 말이 오고 간다.

어렸을 적부터 우리들은 자연스럽게 말을 익히며 부모와 대화를 하기 시작하며 친구들과 어울리며 성장해왔고 성인이 된 지금에는 수많은 사람들과 대화를 하면서 생활하고 있다.

그렇기 때문에, 다른 사람과 대화를 비롯한 커뮤니케이션에 아무런 문제가 없다고 생각하는 사람들이 아주 많다.

대부분 사람들은 대화가 잘못되어 소통이 안 되어 불통이 되어 대화의 목적을 달성하지 못하면, 상대방의 이해 부족으로 또는 운이 없는 탓으로 돌리고 투덜댄다.

정작, 문제는 자신이 상대의 감정과 이성에 대처하며 자신의 의사를 효과적으로 표현하여 소통하는 기술을 익히지 못한 탓인데도 말이다. 학생 시절에 대화에 관해 배운 것도 상식적 수준에 불과해서 배웠는지 기억조차 못한다.

이렇게 생각하는 이면에 말하기나 대화하는 방법은 굳이 배우지 않아도 저절로 습득되며, 누구나 성공적으로(원만하게) 대화를 나눌 수 있다는 잘못된 통념이 자리 잡고 있다. 큰 문제이다.

말할 수 있는 능력 ≠ 효과적인 대화를 할 수 있는 능력

대화의 상대방은 내가 하는 말을 이해하고 받아들이는 수동적인 존재가 아니다. 나의 말에 반응하면서, 동시에 상대방 자신의 목적을 추구해 가는 적극적인 행동을 하는 존재이다. 그들에게도 생각이 있고 감정도 있다.

말을 할 줄 안다는 것(언어능력)과 타인과 커뮤니케이션을 잘 한다는 것과는 그 차원이 다르다는 사실을 잊지 말자.

3) 말을 통해 판단한다.

우리는 말하기를 통해서 은연중에 한편으로는 우리가 평소 살아온 삶의 모습을 다른 사람들에게 보여주고, 또한 우리가 지향하는 이상적 삶을 드러내며 바라는 것이나 원하는 것을 표현한다.

우리의 표정, 눈빛, 억양, 제스처, 말투 등을 통하여 인간으로서 우리의 삶의 자세가 지식과 함께 다른 사람들에게 전달되고 있고 서로에 대한 '이미지'가 형성되고 그 이미지가 인간관계에 깊은 영향을 미친다.

우리의 삶에서 또 하나 중요한 것은 말하기에 대한 판단이다.

우리는 사람을 접촉할 때에 상대의 말과 행동에 대한 인상을 가지며 상대를 '그 사람 인간성이 좋아', '상대할 사람이 못돼' 라고 판단한다. 평가 점수에 따라 앞으로의 관계를 어떻게 할지를 결정한다.

따라서 일견 사소해 보이는 일상적인 대화가 우리의 인간관계나 행복이나 성공에 강력한 누적적인 영향을 미칠 수 있다.

대화를 함에 있어서 타인의 감정과 자신의 감정을 적절히 이해하고 대처하는 능력을 지닌 감성지능(EQ) 또한 소통을 함에 있어 중요한 요인이 된다.

3. 휴먼 커뮤니케이션을 하라

1) 변화무쌍한 것이 인간관계

"그 사람과 사이가 어때?"

이런 질문을 듣는 경우가 간혹 있을 것이다. 부부 사이, 연인 사이, 선후배 사이라는 말에서 쓰이는 '사이(間)'란 말은 '서로 맺은 관계'를 뜻한다. 사람과의 관계를 눈으로 볼 수 없다. 겉으로 사이가 좋은 척해도 실제로 관계가 좋지 못한 사이도 많다.

흔히, 우리는 사이를 아주 좋은 사이, 좋은 사이, 보통 사이, 나쁜 사이로 나눈다. 이 중간마다 좋아지는 사이, 나빠지는 사이가 있게 된다. 이렇게 사이의 종류를 보면, 사람과 관계는 날씨만큼이나 변화무쌍한 것이라고 볼 수 있다.

사람들은 자기가 좋아하는 상대에게는 가까이 접근하고 싶은 마음이 있지만, 반면에 싫어하는 상대와는 거리를 두거나 피하려고 한다. 또한 친밀한 사이더라도 사소한 것을 가지고도 말싸움이 벌어지기도 해서 사이가 나빠지기도 한다.

살아가면서 만나서 사랑스러운 사람, 반갑고 즐거운 사람, 정감이 가는 사람이 많이 있으면 문제가 안 되지만, 피하고 싶은 사람, 왠지 부담이 가는 사람, 미운 사람들도 많다고 느끼면 인간관계가 문제 되어 살아가기 힘들고, 미래에도 별 희망이 없게 된다. 과연 누구 탓일까?

2) 문제는 사고와 습관이다

말에는 생각과 감정이 담긴다.

생각이나 감정의 원천에는 고정관념들(stereotypes)이 있다. 가치관과 자신의 욕구인 바라는 희망, 인생관, 세상을 어떻게 보느냐 하는 세계관, 다른 사람들을 어떻게 생각 하느냐 하는 것과 같은 것이다. 이러한 관념들이 한데 어우러져 이른바 성격 내지 개성을 만들고 습관을 만든다. 다른 사람을 대함에 있어서도 성격이 말과 행동에 작용한다.

성격은 인성적 자질, 즉 성격은 서로 다른 환경, 다양한 목적, 이질적인 집단 등에 구애됨이 없이 일관되게 드러나는 행동 성향이기 때문에, 대화 과정이나 인간관계에 강력한 영향을 미치는 요인이라고 한다.

인간관계나 대화에 마이너스가 되는 성격을 극단적으로 보면 두 가지 성격이 있다. 성격이 그 사람의 보편적 성향이라고 하지만, 모두 다 그렇게 행동하지 않음은 물론이다.

성급한 외향적 성격의 소유자는, 성급하다는 것은 그만큼 참을성이 부족하다는 평가를 많이 받는다. 상대의 감정이나 무시하고 조급하게 먼저 자신의 감정을 쉽게 드러내기 때문에 원만한 대화를 할 수 없고 경청도 하지 않는다.

또한 매사에 불평불만을 늘어놓아 원만한 인간관계를 유지하기가 어려운 경우가 많다. 듣는 것도 한두 번이지 나중에는 지겹다. 결과적으로 상대에게 혐오감을 주어 상대가 만나는 것을 기피하게 된다.

반면에 수줍어하는 내향적 성격의 소유자는, 대화중에 자기표현을 제대로 하지 못해 의견을 제대로 말하지 못하고 상대에게 좋아한다는 표현을 하지 못한다. 그래서 대인관계의 노하우가 부족해서 인간관계에서 손해를 많이 보는 편이다.

수줍음(shyness)은 대인관계에서 흔히 나타나는 대인공포 장애로서, 지나친 경우에는 대화를 회피하는 성향이 짙어 대인관계를 진척시키기가 곤란하다.

3) 커뮤니케이션 습관으로 나타난다

사람은 습관의 노예이다.

우리가 남에게 말할 때 모든 것을 전부 구체적으로 생각해서 말하지 않으며, 말을 하다 보면 여러 아이디어가 자신도 모르게 자동적으로 입에서 나오는 경우가 다반사이다.

입에서 나오는 말에도 습관이 있다. 이른바 커뮤니케이션 습관이다. '말투'라고 하기도 한다.

무심코 말을 하는 것과 같이, 습관은 자동적으로 작동하거나 반응하게 만든다. 이른바 모바일 기기로 커뮤니케이션을 하는 것이 습관이 되면 만나서 이야기하는 것보다 먼저 스마트폰으로 이야기를 하게 된다.

우리의 고정관념이 많이 배어 있는 것이 습관이다. 커뮤니케이션 습관은 그 사람의 사고(思考)하는 습관이기도 하며, 말할 상대를 고르고 대화를 하는 인간관계의 습관이기도 하다.

한 사람이 사는 현재 모습은 그 사람의 커뮤니케이션이나 인간관계 습관이 가져온 결과라는 얘기도 있다. 말은 생각이나 감정이 외부로 드러난 것, 즉 표현된 것이고 그를 둘러싼 상황을 만들기 때문이다. 어떤 성격의 소유자라고 보는 것은 그 사람의 말과 행동에서 판단을 한다. 이 판단은 커뮤니케이션 습관에 대한 판단이기도 하다.

성격이나 습관은 고칠 수가 없는 것이 아니다. 독일 시인 괴테가 '성격은 살면서 발전하는 것'이라고 말한 바와 같이 노력하면 새로운 커뮤니케이션 기술로 성격을 고쳐가며 폭넓고 좋은 인간관계를 가질 수가 있다.

4) 이제는 커뮤니케이션이 대세다.

좋은 인간관계 내지 효과적인 커뮤니케이션을 하기 위해서는, 말하는 법과 듣는 기법인 화술이 물론 필요하다. 그렇다고 해서 말을 능수능란하게 하는 것이 반드시 좋은 인간관계를 만드는 것이 아니라는 사실이다.

커뮤니케이션에는 인간이라는 감정과 이성, 그리고 입장을 가진 상대방이 반드시 있다. 공자(孔子)는 논어에서 '남이 자기를 인정 안 해 줌은 걱정하지 말고, 자기가 남을 몰라주는 일이 있을까 걱정하라.'고 했다.

상대의 욕구나 존중을 고려하지 않는다면, 능수능란하게

말을 해도 사람들과 잘 지낼 수가 없다.

좋은 생각을 갖고 있다고 해도 다른 사람에게 표현하지 않으면 그 생각은 실현될 수 없다. 마치 말 못하는 짝사랑에 불과한 것이다. 한마디로 커뮤니케이션은 표현의 예술이다.

그러므로, 상대의 입장이나 사고방식을 이해하도록 노력하는 원칙을 가지고, 대화를 이끌어나가며 효과적인 의사표현을 하는 기법인 소통스킬을 함께 갖추어야 한다.

4. 인간관계를 좋게하는 마음 태도

1) 여유로움을 가져라

사람과 사람과의 관계는 상대적이다.

내 것만을 고집하면 대화가 되지 않을 것이다. "혼자 다 가지려고 하느냐!"하며 상대는 자리를 박차고 나가버릴 것이다. 나가버린 후에 내 것을 일부 양보하고 좋은 관계를 유지하려고 노력했더라면 관계가 악화되지는 않았을 것이라고 후회하기도 한다.

가족 이외의 다른 사람들을 사랑할 줄 모르는 이기적이거나 성질이 불같거나 혹은 용서를 모르는 사람, 항상 퉁명하고 불친절한 사람들은 한마디로 정서적으로 궁핍한 사람들이다. 그들이 맺는 인간관계는 갈등으로 인해 불화가 많아 늘 마음이 편치 않을 것이다. 또한 수단 방법을 가리지 않아 인간관계가 좋지 못한 경제적 성공은 오래 가지 못한다.

대부분의 사람들은 자신을 위해서 이기적이어야 하고 다른 사람에게 잘하기 위해서는 손해를 감수하며 자신을 희생해야 한다고 생각한다. 그러나 이는 잘못 생각하는 것이다.

오히려 보상을 받는다.

넉넉함은 상대를 생각할 여유를 갖게 하고 다른 사람들을 끌어안는다. 그리고 협력하게 만든다. 그리고 아름다운 인간관계를 만든다. 아름다운 인간관계를 갖는 것은 단순한 성공 그 이상의 의미를 갖지 않는가. 한마디로 말하면, 인간의 순수한 좋은 느낌인 행복감이다.

2) 반드시 소중한 사람이라고 생각하라

우리는 흔히 마음이 맞아야 좋은 사이로 간주한다. 친밀한 사이는 마음이 맞는 사이가 아닌가. 인간과 인간의 접촉에는 항상 마음이라는 인간의 감정이 개재하고 있다. 마음 씀씀이가 문제다.

우리의 마음은 말과 행동으로 표현된다. 숨기려고 해도 어느새 배여 나온다. 상대의 마음을 움직이려고 중요감을 주는 방법 중에서 가장 실행하기 쉬운 방법은, 다른 사람들이 반드시 중요하다는 것을 자신의 마음속에 새기는 일이다.

그렇게 하면 굳이 노력하지 않더라도 상대방에게 환영받게 되며, 아울러 협력하는 인간관계가 맺어지게 될 것이다.

반대로 마음속에 은근히 상대방을 하잘 것 없는 사람으로 생각하거나 무관심한다면, 절대로 상대방에게 중요감(신용)을 안겨주지 못한다. 상대도 이를 금방 알아차린다. 그러면 그 상대에게 아무런 것도 얻어낼 수가 없음은 물론이고 사이도 좋지 않게 된다.

정말로 사람들을 잘 움직이는 사람은 진심으로 사람이 중요하다고 믿는 사람인 것이다.

세계적으로 유명한 경영 컨설턴트이자 인간관계와 동기부여의 전문가인 레스 기블린은, 상대방에게 중요감을 주는 방법으로, ① 다른 사람을 중요하게 생각하라, ② 상대방에게 관심을 기울여라, ③ 상대방에게 뽐내지 말라는 것을 제시하고 있다.

3) 장기적 관점에서 사람을 대하라

대인관계에서 우리가 가져야 할 것은 인내심이다.

우리들 대부분은 생활에 쫓겨 조바심을 내며 사는 경향이 강한데, 그래서 매사를 서두른다. 그래서 그 자리에서 모든 것을 해결하려고 설득을 시도한다. 그러나 상대에게는 생각과 감정을 추스르는 시간이 절대로 필요하다.

설득에 성공하려면 성급하게 말하기보다는 인내를 하며 타이밍을 잘 잡아야 한다. 성급하면 상대를 생각하지 않게 되고 자발적으로 하게끔 만들지 못한다. 말도 함부로 하게 된다. 그러면 결과는 나쁘다. 설득도 못하고 인간관계도 깨진다.

자수성가해 서른셋의 나이에 백만장자가 되어서 『욘스 마인드』를 쓴 키스 캐머론 스미스는, 다음과 같이 강조한다.

'인간관계를 단기적으로 생각하면 결국 주변 사람들이 나에게 얼마나 도움이 될 것인지에만 신경을 쓰게 될 테고 사람들을 이용하는 데에만 치중하게 될 것이 뻔하다. 주변 사람을 이용가치로 판단하는 사람은 외로워지는 것은 당연지사, 특히 인생의 말년에 가서는 더더욱 그럴 것이다.

인간관계에서 장기적인 생각은 주변 사람을 더 존중하게 함으로써 어떻게 서로가 윈-윈 할 수 있는지를 궁리한다고 한다.'

우리가 목전의 현안에 급급하지 말고 멀리 내다보는 장기적으로 생각을 하려고 노력을 한다면, 어떻게 하면 가족, 친구, 동료 그리고 고객들에게 도움을 주며 최상으로 대할 수 있는지에 대해 생각하게 된다.

그러면 어느새 우리의 입에서 강요가 아니라 상대의 마음을 어루만지며 설득하는 지혜가 나올 것이다. 지혜의 목소리는 상대의 심금을 울릴 것이다.

4) 긍정적 언어를 사용하라

행복감이 높고 소통이 잘 되는 사람들은 긍정적인 언어를 사용하고, 행복감이 낮고 소통이 잘 되지 않는 사람들은 부정적인 언어를 사용한다고 한다. 긍정적 사고와 말은 좋은 일이 생겨나게 하지만, 부정적인 사고와 말은 나쁜 일이 생겨나게 한다. 이것은 우리의 뇌구조가 긍정과 부정을 구별 못하고 사람이 생각하는 대로 움직이기 때문이다.

더구나 가족 간의 소통, 친구 간의 소통, 사회생활을 함에 있어 누구나 긍정적인 생각과 말을 하는 사람들이 호감을 갖게 해준다. 아침에 일어나서 처음 하는 말이 긍정적인가, 아니면 부정적인가. 우리의 인생은 생각이 만들고 우리가 말하는 대로 이루어진다는 사실을 잊지 말자.

늘 좋게 보고 좋게 말하는 습관을 갖자.

제2부

마음의 문을 여는
너와의 소통

1. 사랑받는 인간관계를 만드는 법

1) 인간관계가 좋은 사람들의 공통점

인간관계는 커뮤니케이션에 의해 좌우된다.

우리 주위에는 어느 사람을 상대하더라도 능수능란하게, 즉 울고 웃으면서 즐거운 대화를 주고받으며 자리를 주도하면서 인간관계를 잘 이끌어 가는 좋은 사람들이 있다.

이런 사람들이 가진 공통점은 무엇일까?

첫째, 상대방을 우선시하면서 넓은 식견을 가졌기에 상대의 기분을 잘 이해하면서 분위기와 상황에 따라 유연하게 잘 대응할 수 있는 사람이라고 말할 수 있다.

바꾸어 말하면, 이런 사람은 자신만의 고정관념에 사로잡히지 않고, 상대방의 입장이 되어 그 기분을 이해하면서 배려하고 서로를 기쁘게 하기 위한 방법을 효과적으로 사용하여 호감을 주면서 마음을 사로잡는다.

반대로 언어예절과 같은 표면적인 테크닉을 사용하여 조

리 있게 말은 잘하지만, 상대를 대화에 끌어들이지 못하는 사람은 결과적으로 커뮤니케이션 방법이 서투른 것이다.

보다 근본적인 문제는, 상대의 감정을 움직이는 것 같은 임팩트 있는 말이나 행동이 되어 있지 않은 탓이기도 하다.

사람은 버튼만 누르면 작동하는 기계가 아니다.

감정이라는 마음의 호수를 가진 동물이다. 호수에 돌을 던져야 파문이 생긴다. 그래야 상대를 내 말속에 들어오게 할 수 있다. 어떤 돌을 던질 것인가를 한번 생각해 보자.

둘째, 커뮤니케이션 방법에 뛰어난 사람은, 상대방을 즐겁게 하거나 유머를 만드는 방법 또한 능숙한 편이다.

감정에 반대되는 것은 이성이다. 우리가 판단을 내리는데 있어 작용하는 중요한 것은 무엇일까? 이성이 20%, 감정이 80% 작용한다고 한다.

웃음은 호감과 협력을 나타나는 사인이다.

한 개인과 다른 사람들 사이를 이성이 가로막고 있는데 이들 수많은 장벽들과 관련된 거부감을 넘어서게 해주는 역할을 하는 것이 바로 유머이다. 대부분의 사람들은 분위기가 즐거우면 이성을 벗어버리는 무장해제를 하기 때문이다.

따라서 타인의 웃음을 쉽게 이끌어낼 수 있는 사람은 그만큼 매사에 분위기를 좋게 하면서 호감을 사고 만나는 사람들을 통해 협력과 지지를 쉽게 얻어낸다.

2) 인간관계 원칙을 바꾸어 보라.

많은 사람들이 인간관계를 유지하는데 어려움을 느낀다. 그 이유는 좀 가까워지기 시작하면 해야 할 말, 해서는 안 될 말을 구별하지 못하고 나오는 대로 말하기 때문이다. 잘 수습을 못할 때는 스트레스가 쌓여 고민까지 하게 된다.

행복한 인생을 살아가려면 여태까지의 인간관계를 일신할 필요가 있다.
다음과 같은 사고와 행동을 하게 되면 주위로부터 사랑받는 인물이 될 것이다.

① 말의 힘을 재인식한다.
인간관계에 영향을 미치는 것엔 여러 가지가 있지만 '말'에 의한 커뮤니케이션이 주가 된다.

말은 단순한 의사소통의 수단이 아니라, 말하는 사람의 정신세계를 나타내며 상대방과의 감정적, 인간적 관계 형성 유지에도 큰 '영향력'을 발휘한다는 것을 항상 염두에 두고 커뮤니케이션하도록 노력해보자.

② 나쁜 관계인 사람에게 먼저 사과하라.

인간관계로 고민만 계속하고 있다면 그것은 매우 소극적인 행동이다.

지금까지 살아오면서 관계가 나빴던 사람부터 일신하도록 해보자. 머리를 숙이면서 "이번 일은 내가 잘못한 것 같습니다"하면서 먼저 사과를 해보라. 그러면 상대방도 사과를 할 것이다.

다나카 다쓰미는 저서 '사과의 기술'에서 사과는 결코 명예를 더럽히는 것이 아니라 오히려 높일 수 있는 기회라고 주장한다. 비 온 뒤에 땅이 굳어진다는 말이 있지 않은가.

이렇게 하면, 인간관계의 고민이나 좋지 않았던 추억도 한순간에 사라지면서 더욱 돈독한 관계로 발전할 것이다.

③ 호감과 신뢰받는 말과 행동을 하라.

모든 인간관계의 핵심은 서로간의 좋은 감정을 갖느냐 그렇지 못하느냐에 달려 있다. 당연한 말이지만, 인생을 성공적으로 살아가기 위해선 다른 사람들로부터 '호감'과 '신뢰'를 얻어야만 한다. 그래야 친분이 형성되기 시작하면서 마음의 문이 열린다.

일상생활을 즐겁게 하는 대인관계를 만들어 가는 스타트 지점은 '상대에게 악의가 아닌 호의를 전하는 것'에 있다. 도중에 상처를 주는 말이나 부정적인 말은 절대로 하지 말아야 한다.

④ 정말로 상대를 존중해 보라.

인간관계는 서로가 서로에 대해 어떻게 대하느냐에 따라 달라진다. 상대를 존중하면 그 사람으로부터 존중을 받게 되지만 그렇지 못하면 나 또한 존중을 받지 못하게 된다.

그래서 행복한 삶을 위해 직업 귀천을 불문하고 상대를 존중하며 접근하는 적극적 커뮤니케이션이 필요한 것이다.

[성공 비결]   오바마(Obama) 열풍

워싱턴의 대표적인 싱크탱크인 브루킹스 연구소의 정치연구실장이자 선거분석 전문가인 토마스 만(Mann) 박사는 인터뷰에서 오바마 열풍을 둘러싼 의문들에 대해 다음과 같이 분석했다.

"미국인들은 지금 나라를 단합시킬 인물을 찾는다. 미국의 국제 위상은 추락했고 이념적으론 양분됐고 정치권은 대립만 했다. 미국인들은 지쳤다. 흑인 아버지와 백인 어머니에게서 태어나, 두 인종을 모두 껴안을 수 있는 사람이란 장점과 그의 능력이 매력이다. 그는 사람들을 즐겁게 할 줄 알고, 잘생겼고, 믿을 수 없을 만큼 총명하고, 뛰어난 글쓰기 능력과 청중을 사로잡는 연설력, 거기에다 카리스마까지 이 모든 것을 드물게 다 갖췄다."

2. 인간적 나눔의 커뮤니케이션

1) 능숙하게 교제하는 것에 초점을 맞추라

 인간관계를 크게 나누면, 비즈니스 관계와 그렇지 않은 관계로 나눌 수 있다. 하지만, 비즈니스 관계로 만난다 해도 비즈니스 대화만 하는 것 또한 아니다.
 인간적인 나눔이 반드시 있게 마련이고, 그것이 비즈니스에도 영향을 미치게 된다.
 커뮤니케이션에도 일반적인 사적인 입장에서의 커뮤니케이션이 있으며, 공적이며 비즈니스에서의 커뮤니케이션은 이해관계라는 측면에서 변용된 것이 아닌가 생각해 본다.
 따라서 비즈니스 커뮤니케이션을 잘 하기 전에 먼저 인간적인 나눔을 위한 커뮤니케이션에 능숙해야 함은 물론이다.
 심리적인 고민이나 사회생활에 있어 문제의 대부분이 대인관계의 갈등으로부터 생기는 '불쾌한 커뮤니케이션'과 연관이 있다.
 신체나 정신에 악영향을 주는 심리사회적 스트레스의 대

부분도 비즈니스에 있어서의 대인관계의 대립, 중요한 다른 사람(가족·연인·친구, 직장 동료 등)과 서로 이해할 수 없다는 것에 의해 발생한다.

과도한 스트레스 상황과 고통스런 인간관계가 넘치고 있는 복잡한 현대 사회에 있어, 정신건강을 유지하고 성공을 향한 충실한 일상생활을 영위하기 위해선 여러 다른 사람들과 능숙하게 교제해 가는 포인트로 스킬을 잡는 것이 중요하다.

2) 관계의 질을 고려한 커뮤니케이션을 하라

대인관계의 질을 판단하는 경우에는 그 사람과의 관계성의 내용에 대해 생각해보고 커뮤니케이션을 해야 한다.

커뮤니케이션을 하는 상대와의 관계성이, 연인이나 가족같이 상호적으로 애정이나 온화함을 서로 나누는 정서적인 것인지, 동네의 아는 사람이나 클래스메이트 등과 같이 특별히 친한 관계는 아니지만 얼굴을 맞대지 않으면 안 되는 의례적인 것인지, 혹은 금전적인 이해관계가 관련된 회사의 상사나 고객과의 관계 등 직업적인 것인가에 의해 필요하게 되는 커뮤니케이션 스킬(대인 스킬)이나 인간관계의 우선도 또한 달라져야 한다.

- 의례적인 내용의 인간관계라면, 사회적인 역할 행동에 따른 사교적인 커뮤니케이션을 취하도록 한다,

- 직업적인 내용의 인간관계라면 사회적인 역할 규범을 중시하면서도 상대(고객 · 상사)의 관심이나 평가를 절묘하게 꺼내는 것 같은 매력적인 커뮤니케이션을 궁리해 나가야 한다. 특히 직장인이라면, 상사의 생각을 파악하고 교감하는 게 중요하다. 그러면 상사의 눈에 들어 성공 가도를 달리는데 유리하게 작용할 것이다.

- 정서적인 내용의 대인관계의 경우엔, 규격화된 기교적인 커뮤니케이션은 통용되기 어렵기 때문에, 상대와의 신뢰 관계를 깊게 하면서 솔직하고 성실한 커뮤니케이션으로 서로의 기분이나 욕구를 전하도록 노력해야한다.

3) 3가지 커뮤니케이션 스킬

다른 사람과 우호적인 인간관계를 쌓아 올리는 커뮤니케이션 스킬의 기본적인 구성요소로 다음 3가지를 들 수가 있다.

> - 듣는 스킬(상대를 이해하는 스킬)
> - 말하는 스킬(자기를 전달하는 스킬)
> - 해석하는 스킬(자기와 상대의 입장으로부터, 문제나 상황을 적절히 파악할 수 있는 스킬)

이 중에서 가장 중요한 스킬로서, 상호적인 만족을 얻을 수 있는 대인관계에 빠뜨릴 수 없는 스킬은, 상대의 입장에 서서 사물을 공감적으로 이해하기 위한 '듣는 스킬', 즉 경청이다.

부모가 자녀의 말에 잘 경청을 하게 되면 다음과 같은 일이 발생할 수도 있다.

"전, 엄마 아빠가 저를 정말 사랑하고 있다는 것을 느끼고 있어요. 왜냐하면 두 분은 항상 제게 무슨 말을 하면 잠시라도 저의 말을 잘 들어주시기 때문이에요"

위의 사례와 같이 지지를 얻어내거나 설득하는 대면 장면에서는, 상대의 말이나 표정, 행동으로부터 상대의 기분이나 주장을 정확하게 이해하기 때문에 듣는 스킬이 매우 중요하다.

듣는 스킬이 자기 것이 되면 「표층적인 말에 의한 메시지」의 배후에 상대의 「감정·의도·욕구·신념」을 읽어낼 수가 있게 되므로, 상대가 이야기하고 싶다고 하는 모티베이션을 유지하면서, 기분 좋게 이야기를 들을 수 있게 된다.

이 기술의 기본은 상대방이 무엇을 생각하고 무엇을 느끼면서 언어적인 메시지를 전하고 있는 것에 맞장구로 공감하며 이야기를 들으면서, 동시에 상대의 비언어적인 메시지(표정·어조·제스처·행동)에도 주목하여 수용적인 자세로 커뮤니케이션하는 것이다.

이런 공감적 기술을 발휘하면 상대에게 '이 사람은 제대로 이야기를 들어주는 성실한 사람이다.'라고 하는 인상을 주게 된다. 그러면 상대로부터 신뢰와 호감을 얻을 수 있게 된다.

4) 자기 개시적 주장을 하라.

일방적으로 상대의 주장이나 감정에 공감하며 수용하고 있는 것만으로는 상호적인 커뮤니케이션이 이루어지지 않기 때문에, 듣는 스킬과 해석하는 스킬뿐만 아니라, 자신의 의견이나 요구를 효과적으로 전달하는 말하는 스킬을 능숙하게 조합해 나갈 필요가 있다.

자신의 의지를 효과적으로 전달하는 말하는 스킬의 기초는 자기 긍정감과 다른 사람에 대한 존중이 있어야 하고, 상대의 인격이나 주장을 인정하는 '겸허한 마음가짐'이 바탕이 되어있을 때 비로소 이야기하는 스킬과 듣는 스킬, 해석하는 스킬이 융합해 최고의 커뮤니케이션 스킬을 발휘할 수 있게 된다.

- 자신의 주장이나 요구를 강제적으로 상대에게 승인시키려는 「공격적인 자기주장」은 상대의 반발이나 적의를 부른다.

- 자신의 감정이나 욕구를 과도하게 억압하고 상대의 희망이나 요구를 언제나 우선하는「수동적인 자기주장」은, 자신의 의사를 전달하지 못하고 정신적 스트레스가 쌓이게 된다.

따라서 자존심을 지키고 자기와 다른 사람을 긍정하기 위한 커뮤니케이션을 하기 위해서는, 자신의 의견(감정)을 상대(상황)에 맞추어 명확하게 언어화할 수 있는 '자기 개시(self-disclosure)를 하는 자기'일 필요가 있다.

또한 효과적인 쌍방향의 커뮤니케이션을 실현하기 위해서는, 상대의 감정이나 요구를 존중해서 서로를 만족시키는 '공감적인 자기'일 필요성이 있다.

보통 자신에 관한 이야기를 남에게 하는 것을 사회심리학에서는 '자기 개시'라고 한다. 어느 관계에서나 친밀한 관계로 진전되기 위해선 자기 개시가 반드시 필요하다.

인간관계를 성공적으로 이끄는 효과적인 커뮤니케이션 방법으로 다음 3가지가 있다.

① 호감을 주는 방법을 사용하여, 상대의 마음을 잡는다.

② 어느 말을 반복해서 커뮤니케이션 가운데서 신뢰감을 쌓는다.

③ 대화를 북돋워서, '유익했다!', '즐거웠다!', '나를 알아주었다!' 인상을 남기도록 한다. 그러면 상대는 당신을 오랫동안 기억하고 다시 만나려고 할 것이다.

> [소통 비결]   제프 킨들러 회장의 동전 10개
>
> GE 부사장과 맥도날드 계열사의 CEO를 거치며 특유의 리스크 관리 능력을 발휘하다가 세계 최대 제약회사 화이자(Pfizer)를 이끌게 된 제프 킨들러(Kindler) 회장.
>
> 잭 웰치(Welch) 전 GE회장은 문제 상황이 발생하면 그의 방문을 두드릴 정도로 각별히 그를 신임했다고 알려지고 있다.
>
> 제프 킨들러 회장은 매일 10개의 1센트 동전을 왼쪽 바지 주머니에 넣고 집을 나선다. 한 명의 직원과 대화하고 그의 고민이나 이야기를 충분히 들어주었

다는 생각이 들면, 왼쪽 주머니에 있던 동전 하나를 오른쪽 주머니로 옮긴다고 한다. 매일 하루를 보낸 후 왼쪽에 있는 10개의 동전이 모두 오른쪽 주머니로 옮겨가면, 스스로 자신에게 '100점'이라는 점수를 준다고 했다.

그는 "바쁜 일정을 소화하면서도 매일 나에게 이런 숙제를 내는 이유는 CEO로서 무엇보다 가장 중요한 게 직원들과의 대화라고 생각하기 때문"이라고 밝히고 있다.

3. 상대에게 호의를 얻는 법

1) 대인관계의 프로세스

우리는 새로운 친구와 만나거나, 동호회나 비즈니스로 다른 사람들과 관계를 가지면서 장소를 바꾸거나 술집이나 미용실 등에서 마음 편한 커뮤니케이션을 즐기지만, 그 출발점에는 다음과 같은 프로세스가 반드시 있게 마련이다.

> 상대와 만난다 →
> 상대에게 흥미를 가진다 →
> 상대에게 호의를 갖는다 →
> 상대를 신뢰한다

상대와 만나지 않으면 대인관계가 시작되지 않고, 상대에게 일체의 주의나 관심을 기울이지 않으면 말없이 스치기만 한다. 상대에게 호의나 친근감을 갖는 요소가 전혀 눈에 띄지 않으면, 일부러 그 사람과의 친교가 깊어지려고 하지 않을 것이다.

또한, 상대방이 자신을 이기적으로 조작하려고 하거나 언제나 거짓말을 말하며 주위에 있는 사람을 혼란시키거나 하면, 상대에게 신뢰감이 낮아져, 그 사람과 계속적으로 인간관계를 가지려는 모티베이션이 사라져 버린다.

한편으로, 비즈니스상의 이해관계가 관련된 교제였거나, 친구의 친구이니까 거침없는 대우는 할 수 없지만 그래도 관계가 지속되는 경우가 있다.

심지어 사람에 따라선 상대를 신용할 수 없게 되어 버리면서도 관계가 지속되는 경우도 있게 된다.

하지만 일반적으론 상대방에게 대하는 신뢰나 호의가 없어져 버리면 관계를 단절하기 쉬워진다. 특정 상대와의 대인관계로부터 얻을 수 있는 감정적인 충족감(행복감)이나 실제적인 메리트(이익)가 없어질 때에, 그 사람과의 관계를 계속시켜 가는 인센티브가 없어지기 때문이다.

2) 적극적으로 웃는 얼굴로 다가가라.

취직, 전직, 비즈니스 등 새로운 환경으로 옮겨가서 활동할 때에는, 알지 못하는 많은 사람들과 처음으로 얼굴을 대면하게 된다.

지금까지의 생활환경과는 다른 새로운 생활환경에서 인간관계에는 '사이가 좋은 아는 사람이 아무도 없어.'라고 하는 불안감과 동시에 '매력적인 사람을 만날 수 있을지도 몰라.'라는 기대감이 서로 교차될 것이다.

지금까지 전혀 만나거나 대화한 적 없는 상대와의 관계를 개선하기 위해선, 먼저 어떠한 이야기를 시작하지 않으면 안 된다.

그때 '자신은 낯을 가리므로 초대면의 상대에겐 말을 건넬 자신이 없다.'는 이유로, 자신이 먼저 말을 걸지 않고, 상대로부터 말을 건네지는 것을 오로지 기다리고 있는 사람도 있을 것이다. 그것은 새로운 인간관계를 맺고자 할 때 결코 바람직한 방법이 아니다.

왜냐하면, 사람은 침묵하고 있는 상대나 자신에게 관심을 나타내지 않는 상대에 대해선 대인적인 거절감이나 까다로움을 느끼기 쉽고, 그 심리적 장벽을 넘어서까지 이야기를 나누고 싶다고 생각할 정도의 외관적인 대인 매력(혹은 지명도나 지위 등 사회적 속성)을 가진 사람은 지극히 드물기 때문이다.

반대로, 기분이 좋을 것 같은 미소 진 표정이나 태도로 적극적으로 말을 건네 오는 상대에게 대해선 호의를 갖기 쉽고 솔직한 대화를 하기 쉽다.

요컨대, 재미있는 이야기를 하려고 애를 쓰지 말고, 우선은 마음 편하게 말을 건네 보는 것이 중요하다.

3) 커뮤니케이션의 밸런스를 생각하라

자신의 의견을 풍부한 어휘나 비유(은유)로 구사할 수 있는 '말하는 스킬'이 높은 사람이라도, 상대가 이야기하는 내용을 제대로 듣는 태도를 갖지 않으면 즐거운 커뮤니케이션을 할 수 없다. 감정이나 인간관계는 대화중의 말하기의 독점 여부에도 영향을 받기 때문이다.

자신이 말하고 싶은 화제나 의견을 일방적으로 긴 시간 동안 설명하는 식으로 하는 것은 연설이나 프레젠테이션에선 좋은 일이지만, 상대가 있는 대화에선 '대화의 쌍방향성'을 의식하는 것이 필요하다.

교양이 뛰어나고 자존심이 강한 사람은 '자신의 이야기에는 설득력이 있고, 이 화제는 재미있을 것이다'라고 확신하면서 일방적인 해설이나 주장을 긴 시간에 걸쳐 계속하는 경우도 있으나, 원활한 이야기로 분위기를 좋게 하려면 상대의 반응이나 태도를 확인하고 나서 이야기를 진행시켜 나가는 쌍방향성 커뮤니케이션이 중요하다.

이야기나 잡담이라고 하는 커뮤니케이션에서는 경쟁이나 토론과 같은 승부(맞느냐, 틀리냐)에 집착할 필요가 없다. 그것은 상대의 이야기를 듣고 거기에 공감적으로 응하거나 자신의 이야기를 하면서 상대의 감상을 듣거나 하는 상호적인 프로세스를 즐기는 것이 대부분의 주제(테마)이기 때문이다.

자신의 이야기나 하고 싶은 일을 어느 정도 이야기하면, "나는 이렇게 생각하지만, 당신의 생각은 어떤가요?"라고 질문을 하거나, "최근, 운동을 시작했다고 하는데 기분은 어때요?"와 같이 상대에게 이야기의 '주도권'을 돌려주면 좋을 것이다.

상대의 이야기를 확실히 듣고 나서, 자신의 이야기를 천천히 한다고 하는 것처럼, 「말하는 시간」과 「듣는 시간」의 배분을 고려해서 서로가 만족할 수 있는 커뮤니케이션을 해 보도록 하자.

[성공 비결] **행복을 파는 데일리퀸**

「내가 알아야 할 모든 것은 아이스크림 가게에서 배웠다.」

미국의 조그마한 아이스크림 가게에서 세계적인 체인점으로 성장한 '데일리퀸'은 기업 경영의 기본적인 원칙을 알려준다.

'포천'이 선정한 500대 기업 중 하나인 '아메리카'의 홍보담당 이사인 밥 미글라니는 '행복을 파는 아이스크림 가게'라는 책에서 직접 데일리퀸 체인점을 운영하면서 겪었던 다양한 일에서 비즈니스맨이라면 누구나 기억해야 할 기본 원칙을 알게 됐다고 강조한다.

'꼬마 손님이 실수로 떨어뜨린 아이스크림을 공짜로 바꿔주기' '고객이 가장 많이 찾는 바닐라 아이스크림을 항상 구비하기' '직원과 자신의 발전을 위해 폐점시간을 철저히 지키기' '고객의 이름과 즐겨 찾는 메뉴를 기억하기' '고객을 기다리게 하지 않기'처럼 어쩌면 당연해 보이는 원칙이 이 아이스크림 가게의 성공 비결이라고 한다.

아이스크림을 찾는 고객들이면 누구든지 이웃처럼 친구처럼 가족처럼 대접받아 행복을 느끼게 해준다는 마케팅 전략이 먹힌 것이다.

4. 행복한 커뮤니케이션을 하는 법

1) 기적질문을 하도록 하라

'기적질문(miracle question)'이란 "내일 만약 기적이 일어나 소망이 이루어진다고 하면 무엇이 변한다고 생각하나요?"라고 하는 질문에 관한 것이다.

어른이 되면 살아가기 위해 현실 상황에 따라 꿈을 잊기 쉬워지고, 세상의 상식이나 습성에 젖어 자신의 이상을 잃어버리기 쉬워진다.

기적질문을 상대에게 던져 보는 것으로, 과거에 잊어버린 꿈의 황홀함이나 흥분을 다시 생각해 낼 수 있다.

기적질문을 응용한 질문을 섞는 것으로, 그리운 추억과 함께 상상의 나래를 펴는 자유 활달한 커뮤니케이션을 할 수 있다.

- 인생에서 이루고 싶은 궁극적인 일은 무엇인가?
- 기적이 일어난다고 가정할 때 현재의 상황을 어떻게 변화시키면 좋은가?

- 최고로 매력적인 이성이란 어떤 느낌의 사람인가?
- 과거로 돌아가 다시 할 수 있다고 하면, 어디에서 다시 하고 싶은가? 그렇지 않으면, 현재 있는 그대로 충분한 행복을 느끼고 있기 때문에 이대로 좋은가? 등

'현실의 자기'와 '이상에서 자기'의 갭, '과거의 꿈'과 '현재의 현실'의 격차, '단념한 꿈'과 '앞으로의 꿈'의 차이 등을 상대와 즐겁게 이야기를 주고받으면서, 솔직하고 있는 그대로의 '자기 개시'를 해서 표현하는 것으로, 상대와의 심리적 거리의 간격을 훨씬 줄일 수가 있다는 이점이 있다.

2) 더 많은 행복을 돌려주라

더 많은 행복을 준다는 의미가 커뮤니케이션의 상대방이 의사소통의 주체임을 스스로 깨닫도록 인정해주는 것이 필요함을 언급해도 좋을 것 같다. 커뮤니케이션의 타자 혹은 피발화자(청자)로서만 역할을 부여받았다고 생각하는 상대방에게 그 역시 커뮤니케이션의 일환으로서 주체적인 역할을 지니고 있는 자임을 인식시키는 것을 말할 것이다.

인간관계나 커뮤니케이션의 기본은, 상대로부터 일방적으로 애정이나 배려를 받는 것이 아니라, 스스로도 상대의 기본적 욕구(생존 욕구·사랑과 소속의 욕구·안전 욕구)를 충족시킬 것 같은 '기브&테이크의 관계성'에 있다.

그러나 '주고받는 것'을 너무 의식하면, '상대가 무엇인가 해 주지 않으면, 자신도 해 주지 않는다.'라든지 '자신은 잘해 주었는데, 상대는 왜 자신을 도와주지 않는가.'라는 '교환 조건의 인간관계'에 빠져 버려 정서적인 인간관계의 다이내믹한 매력을 느낄 수가 없게 될지도 모른다.

교환 조건의 인간관계는, 상대의 능력·시간·경제력이 충분히 없는 경우엔 자신의 기본적 욕구가 채워지지 않고서는 원망의 말이나 불만의 푸념이 많아져 버리게 된다.

원활하고 매력적인 대인관계를 만들어 가기 위한 가장 효과적인 팁(tips)은, 상대와의 관계로부터 '주는 기쁨' 보다 '좀 더 많은 행복'을 돌려주는 것을 언제나 유의하는 것이라고 생각하라.

그것을 실현하는 것은 어려움이 있고, 현실 상황의 다양한 제약에 의해 당장 상대에게 무엇을 해 주는 것이 어려운 사람도 있다고 생각되지만, 최저한 상대의 행복과 성공을 비는 것 같은 기본적 자세를 가지고, 상대와 관계를 이어나가는 것이 중요하다.

3) 지지적 커뮤니케이션을 하라

말을 잘하는 것도 중요하지만 상대방 마음의 문을 여는 소통, 즉 공감능력을 갖는 것이 중요하다. 이를 위해선 사람의 마음을 사로잡는 말하기가 중요하다.

다른 사람에게 인정받지 못하는 사람의 행동 패턴에는, 상대의 장점을 부정하고 장점을 보지 않으며 다른 사람의 부정적인 특징이나, 상대의 단점이나 실수를 과장해 트집을 잡는 것 같은 「가치 인하의 행동」을 볼 수 있다.

자신의 자존심이나 인정의 욕구를 충족시킬 수 있는 인간관계는, 상대를 부정하는 것이 아니라 긍정하는 것에 의해 만들어지므로, 서로의 장점이나 능력을 서로 인정하는 커뮤니케이션이 중요하다. 타인의 행복이나 장점을 인정하지 않는 사람은, 시기하거나 질투가 강한 미숙한 인격의 소유자라고 보여, 다른 사람으로부터의 반발이나 혐오를 받기 쉽다.

기분 좋은 이야기를 진행시키는 요령은, 상대가 좋아하는 화제와 서투른 화제의 포인트를 파악한 다음 이를 소재로 삼아 이야기하는 것이다.

　상대의 장점이 비즈니스상의 성공이나 사회적인 지위의 획득에 있다면, 다음과 같은 느낌으로, 상대가 소중히 하고 있는 성공 경험이나 유능감에 관련된 화제를 채택하면 좋을 것이다.

- "○○님은 대기업에서 어려운 대규모 프로젝트를 맡고 계신다니 정말 대단하네요."
- "○○님은 학생 시절부터 성적이 좋았지만, 동기 중에서 가장 먼저 임원이 된다는 사실은 정말 자랑스럽습니다!"

　가정 제일로 가족을 소중히 하는 생활을 하고 있어 직업상의 성공이나 수입에 관심이 부족한 사람에겐 비즈니스나 캐리어의 화제를 올리는 것보다, 다음과 같이 가정과 관련된 화제를 꺼내는 편이 이야기의 분위기를 살리기 쉬울 것이다.

- "○○님의 아이는 금년에 유치원에 들어가지 않았던가요? 이제 많이 커서 말도 능숙해져 이야기하는 것이 즐거울 것 같아요."
- "○○님의 부인은 우아한 미인으로 요리 또한 능숙하기에, 일이 끝나면 집으로 돌아가는 것이 기다려질 것 같아요."

상대가 여전히 자신 있지 않은 분야나 자신의 약점이라고 느끼고 있는 사항에 대해선 능숙하게 단점을 장점으로 바꾸는 것 같은 방향으로 화제를 전개하면, 상대로부터 호의나 신뢰를 받기 쉬워진다.

> [성공 비결] 미국 대법관 벤자민 카도조
>
> 200년이 넘는 미국법원 역사에서 가장 존경받는 대법관 중 한 명인 벤자민 카도조는 동부 상류층 출신이었지만, 젊은 시절 노예제도 폐지운동에 참가하였다. 변호사 개업 후 다른 변호사들이 어려운 사건이 있으면 그를 찾아와 자문을 구하였기 때문에 '변호사들의 변호사'라고 불리기도 하였다.

1932년 후버 대통령이 홈즈 대법관의 후임으로 뉴욕 주법원 판사였던 그를 연방대법관에 지명한 일은 지금도 기적처럼 여겨지고 있다. 그는 뉴욕 출신의 유대인이었는데 당시 이미 두 명의 뉴욕 출신 대법관과 한 명의 유대인 대법관이 있었다. 게다가 보수적인 공화당 대통령 후버가 자유주의자이면서 비공화당원인 카도조를 연방대법관에 지명한다는 것은 있을 수 없는 일로 보였다. 뉴욕 출신 스톤 대법관은, 그를 위하여 자신이 사임하겠다면서 대통령을 압박하였다. 미국 역사를 통틀어 아무런 정치적 연줄 없이 능력과 인품만으로 연방대법관에 오른 사람을 말하라면 첫 번째로 꼽을 수 있는 사람이 바로 카도조이다.

카도조는 어느 대학 강연에서 자신을 이렇게 설명하였다.

「저는 뚜벅뚜벅 걷는 평범한 사람입니다. 평범하기 때문에 멀리 가지는 못합니다. 그러나 뚜벅뚜벅 꾸준히 걷다보면 제법 많이 가기도 하고 그 성공에 즐거움이 있습니다. 만약 제가 다른 사람들보다 조금 더 많이 갔다면 용기와 충실함과 근면함 때문입니다.」

5. 상대의 닫힌 마음의 문을 여는 법

1) 상대의 경계심을 풀도록 노력하라

커뮤니케이션이란 서로의 의견이나 감정을 교환하는 '심리적 과정'이므로, 끊임없이 상대의 발언이나 표정, 제스처 등의 영향을 받으면서 진행되어진다.

상대의 불신감이나 경계심을 풀고, 심리적인 저항을 약하게 만들기 위해선 다음의 방법이 매우 효과적이다.

- 상대가 이야기하는 내용·템포·속도·동작·자세에 동조한다.
- 친한 관계라면 '스킨십', 즉 가볍게 신체에 접촉하면서 이야기를 하는 것으로 친근감을 확인할 수 있다.

상대가 안고 있는 문제의 본질을 명확하게 하기 위한 인터뷰 기법으로, 상대방의 이야기 내용을 대략적으로 요약해 나가는 '환언 기법'이라는 것이 있다.

이를 원용하여, 상대가 이야기하는 스피드나 행동에 맞추어 상대의 이야기를 정리해서 바꾸어 말을 하면, 당신이 상대의 이야기를 정확하게 이해하고 있는 것을 전할 수 있게 된다.

　예를 들어, "지금까지의 이야기를 듣고 있으면, 당신이 열심히 가족을 위한다는 생각을 하고 일하고 있는데, 가족은 그것을 이해해 주지 않고, 사업 중독이라고 생각하고 있는 것처럼 느껴졌습니다."라고 하는 형태로, 환언기법을 일상 대화에서도 이용할 수 있다.

　환언기법과 비슷한 목적으로, 상대가 이야기하고 있는 내용을 그대로 공감적으로 반복하는 '반복 기법'도 있는데, 이를 응용해 이야기를 하는 것으로 상대에게 감정적인 공감이나 적절한 이해를 나타낼 수가 있다.

　상대방이 "최근, 기분이 우울하고 일에 의욕이 없어져 스트레스가 오네요."라고 말하면, "기분이 가라앉고, 일에 대한 의욕이 없어져 스트레스가 오고 있군요."라고 하는 느낌의 표현으로 상대가 이야기하는 어조나 템포에 맞추어 이야기해 본다.

　반복 기법의 효과는 상대와 유사한 말투나 행동, 행동, 표정을 하는 상대에게 신뢰감이나 안도감을 느끼기 쉽다고 하는 '미러링(mirroring) 효과'로 연결된다.

심리학에서는 두 명이상의 사람이 같은 자세를 취하는 것을 자세의 반향 동작을 거울(mirror)에 비친 듯한 자세라고 해서 '미러링 효과'이라고 한다. 미러링은 상대로부터 호감을 얻을 수 있는 기술 중의 하나이다. 좋은 인상을 주고 상대가 있다면 그 사람의 자세를 따라서 하도록 한다.

2) 상대의「가치 있는 동기」를 인정해 주라

타인에게 상처를 주거나 불쾌하게 하는 상대의 행동이나 발언에도 '가치 있는 동기'가 있다고 생각하는 것으로, 상대에게 대하는 부정적인 감정(분노 · 증오 · 불쾌)을 완화시킬 수 있고 자신의 이익이나 안심으로 연결되는 커뮤니케이션으로 흐름을 바꿀 수도 있다. 이 경우에 일상적으로 사용되는 팁은 다음과 같은 말로 표현하는 것이다.

- 당신에게도 그만한 사정이 있었으니까…
- 당신의 기분도 알지만…

- 상대에게 악의가 없었던 것은 알고 있지만…

타인의 권리를 침해하는 행동은 용인할 수 없지만, 그 행동을 해야 했던 '지당한 동기(가치 있는 동기)'가 있다고 하는 방향에서 생각을 담아 진행시켜 나가면, 타인의 불쾌한 행동을 용서하고 건설적인 대화로 가는 단서를 잡을 수 있게 된다.

기본적으로, 어느 행동을 취한 사람의 동기를 근원까지 규명해 가면, 대부분 선의의 의도(자신·가족·다른 사람·기업의 이익)로부터 시작되기 때문에, 그 선의의 의도로부터 발한 '가치 있는 동기'를 적극적으로 인정해 주면, 상대의 반발·공격·분노를 약화시킬 수 있을 것이다.

가치 있는 동기(상대의 이유있는 사정)를 인정한다고 하는 것은, 다음의 예와 같은 형태로, 상대의 선의의 의도에 이야기의 초점을 맞추는 것이다.

- "괴로운 입장에 놓여 있는 ○○씨의 말은 잘 알고 있습니다."

- "○○씨의 행동이, 회사 전체의 이익을 생각하고 이루어진 것으로 이해하고 있습니다."

3) 실패한 경험을 적극적으로 자기개시 하라

상대가 인정하고 싶지 않은 실패나 미스에 대해 이야기를 하기 위한 유효한 커뮤니케이션은, 그것과 같은 실패나 미스를 했던 적이 있다고 하는 '자신의 체험담'을 솔직히 '자기개시'를 하는 것이다.

자신의 실패나 실수를 절대로 인정하고 싶지 않다고 하는 심리에는 2가지 이유가 있다. 한 가지는 「실수를 인정하면, 상대로부터 바보 취급당하거나 경멸되는 것은 아닌가?」이라는 자존심의 손상에 대한 불안이다.

또 하나는, 「실수를 인정하면, 배상 책임을 지거나 어려운 벌칙이 주어지는 것은 아닌가?」라는 엄격한 처벌(페널티)에 대한 공포이다.

따라서 상대가 좀처럼 이야기해 주지 않는 실패나 실수 등에 대해서 자발적으로 말하게 하기 위해서는, 다음과 같이 말하도록 해보자.

- 먼저 "자신에게도 당신과 같은 약점이나 결점이 있다." 는 것을 밝힌다.
- 그 다음엔 "당신과 닮은 실패나 미스를 한 경험이 있었다는 것"을 이야기하도록 한다.

숨겨 두고 싶은 실패나 결점에 관해 사람이 이야기하려고 생각하는 것은, 「그것을 이야기해도 결코 처벌되지 않는 것(책임이 거론되지 않는 것)」을 권위자가 보증해 주고 있을 때이고, 더욱 「그것을 이야기해도 바보 취급당하거나 우롱되거나 하지 않는 것」을 알고 있을 때이기 때문이다.

[행복 비밀]   빌 클린턴 미국 전 대통령

  빌 클린턴 미국 전 대통령 어머니인 버지니아 클린턴 켈리는 나이트클럽에서 남자들과 자주 사귀었고 5번 결혼했으며, 불행한 결혼생활 속에서도 잔정과 융통성이 많았고 유머가 넘쳤다고 한다. 간혹 의붓아버지가 아들을 때리면 맞서 싸우는 등 자식사랑은 남달랐다고 한다.

  그런 여건 속에서도 아들인 빌 클린턴에게 3가지 불가(不可)를 가르치며 , 생활의 어려움을 극복하도록 하였다고 한다.
" 절대 포기하지 마라.
  항복하지도 마라.
  웃는 걸 두려워하지 마라. "

6. 자존심을 건드리지 않고 비평하는 법

1) 상대의 자존심이나 체면을 손상시키지 말라

공중의 면전에서 상대의 명예를 손상시키거나, 공적인 장면에서 상대에게 무례한 태도를 취하는 것은, 인간관계에 화근을 남겨 예기치 못한 반발(보복)을 받으면서 관계에 있어 리스크 또한 높아진다.

상대의 자존심에 끊임없이 배려하고 상대에게 치욕을 주지 않는 것 같은 언동을 유의하는 것으로, 자신의 평가나 인간성을 높일 수 있으며, 상대로부터 적극적인 협력이나 자주적인 원조를 기대할 수 있게 된다.

상대의 존엄이나 자긍심을 배려하고, 많은 사람들 앞에서 모욕하거나 바보 취급하는 행위를 하지 않는 것은 인간관계에 있어 중요한 스킬 중 하나이다.

구체적으로는, 직원이나 가족이 변명이나 책임을 피하는 것에 대해 철저하게 봉쇄하고 추적하는 것이 아니라, 실수나 실패에 대한 포용적인 태도를 잊지 않고, 말을 건네주는 것이다.

"이번엔 갖고 있는 실력 발휘를 못한 것 같은데, 다음엔 당신의 활약을 기대하고 있기에 분발하시기 바랍니다. 과거는 과거에 관한 것으로서 지금부터 어떻게 해야 하는가를 생각해 가면 더욱 좋아질 것입니다."

직원이나 가족의 자존심이나 체면을 지켜 주는 커뮤니케이션을 유의하면서 필요한 지시나 주의를 주는 것으로, 상대는「이 사람이 말하는 것이면, 듣지 않으면 안 된다.」라고 생각하게 되어 상호적인 신뢰감을 높이면서 일을 할 수가 있다.

2) 비평으로 시작하고 칭찬으로 끝나도록 하라

상대에게 고언이나 주의를 주지 않으면 안 되는 경우는,「처음에 상대를 칭찬하고, 다음에 비평하는 패턴」을 취하면, 상대의 반발이나 분노를 사기 쉬워진다.

그것은, 처음에게 준 칭찬(긍정적인 자극)이 소멸되어, 나중에 말한 비평(부정적인 자극)만이 후일까지 여운을 끌어 기억에 남기 때문이다.

상대에게 부정적인 주의나 비평을 하는 경우에는, 처음에 「상대가 고통을 느끼는 비평(주의)」을 해 주고, 그 후에 상대가 좋은 면에 주목해 보충하는 「상대가 기쁨을 느끼는 칭찬(긍정)」를 하도록 해보자.

즉, 「좋은 내용의 이야기→나쁜 내용의 이야기」의 차례로 상대를 비평하는 사람은 분노나 반발, 미움을 사기 쉽지만, 「나쁜 내용의 이야기→좋은 내용의 이야기」의 차례로 이야기를 진행시켜 마지막에 상대의 장점이나 성과에 언급하는 사람은, 순순히 주의나 비평을 상대가 듣기 쉬워진다.

다시 말해 긍정적인 측면을 말하고 부정적인 측면을 이야기 하는 것도 중요하지만, 자극을 줄 필요가 있는 결정적인 순간엔 부정적인 측면을 언급한 후에 상대가 갖고 있는 강점을 부각시켜 긍정적으로 할 수 있다는 신념을 주는 방법이 더욱 효과적일 수 있다는 뜻이다.

다양한 테마로 걸치는 여러 화제를 채택하며 커뮤니케이션을 하고 있는 경우에는 기억의 계열 위치 효과(친근성)에 의해, '제일 마지막에 들었던 이야기의 내용'이 강하게 기억에 남게 마련이다.

따라서 상대방에게 좋은 인상을 주어 진지하게 주의(충

고)를 들어주기 위해는, 이야기의 마지막에 「상대를 불쾌하게 하는 부정적인 내용」이 아니라 「상대를 기쁘게 하는 긍정적인 내용」을 가져오게 하는 것이 소통에 도움이 된다.

> [소통 비밀] 올해의 실패왕을 선발하는 혼다 자동차
>
> 「실수를 저지르지 않는 사람은 그저 위에서 시키는 대로 일하는 사람이다. 뭔가를 하려고 노력하다가 실패한 사람을 질책하고 망가뜨려서는 안 된다. 연구개발은 99%의 실패를 각오하지 않으면 안 되는 '창조의 과정'이기 때문이다.」
>
> 일본 혼다자동차의 창업주 혼다 소이치로(本田宗一郎)의 경영철학이다. 실제 혼다는 '올해의 실패왕'이라는 제도를 운영하고 있다. 해마다 연구자 중에서 가장 큰 실패를 한 직원을 뽑아 100만 엔의 상금을 준다.
>
> 직원들이 비전을 실현하기 위해 열심히 도전하고 연구하는 과정에서 빚어지는 실패라면 오히려 권장하고 용기를 북돋워야 한다는 게 바로 '혼다이즘'의 요체다.

7. 부탁과 거절의 소통스킬

1) 효과적으로 부탁하기

 일을 하다 보면 다른 사람에게 부탁하는 경우가 많다. 어떤 자료를 요청하거나 인적 물적 자원을 빌려달라거나, 자신의 의견에 동의해 주기를 바라는 취지로 다른 사람에게 부탁을 하는 등 부탁의 내용은 다양하다.

 부탁의 대화란 상대방에게 어떤 일을 도와줄 것을 의뢰하기 위해 행하는 대화를 뜻한다. 이러한 부탁도 상대방이 자기 의도대로 생각하게 하거나 행동하게 하는 것이 목적이므로 '설득' 커뮤니케이션에 속한다. 가까운 사람에게는 특히 자존심이 작용하여 잘 부탁하지 못하거나 거절당하면 창피스럽다고 여기기 때문에 바로 용건을 말하지 못하는 사람들도 많다.

 하버드대에서 실시한 실험에서 복사기 앞에서 차례를 기다리고 있는 사람에게 "죄송합니다. 먼저 복사해도 되겠습니까? 실은 급한 일이 있어서 그렇습니다."라고 말하자, 무려

94%가 부탁을 들어줬다 하는 데이터가 있다.

상대방을 설득하여 자신의 부탁을 들어주도록 하기 위해선 상대방의 마음을 움직일 수 있는 방법을 사용해야 한다. 그렇게 하기 위한 몇 가지 방법은 다음과 같다.

- 첫째, 부탁하기 전에 상대방이 '나'에 대해 갖고 있는 감정과 상대의 상태 등에 대하여 많이 알아야 한다.

    같은 사람이라도 그때그때의 기분에 따라 반응이 달라진다. 아첨에 가까운 칭찬을 하면 좋아하는 사람이 있는가 하면, 아첨을 하면 불쾌하게 여기고 경계하는 사람이 있다.

    따라서, 친숙하지 않은 사람에게 중요한 일을 부탁하기 전에는 상대방의 성격은 물론 여러 면에 대하여 철저히 조사하여 정확히 파악한 뒤에 적절한 말을 꺼내야 한다.

- 둘째, 부탁하는 내용을 꺼내기 전에 상대의 기분을 파악한다. 상대방의 기분이 좋을 때 한결 말을 건네기가 수월하다. 상대방의 기분을 파악하기 힘들 때에는 일단 그의 얼굴을 관찰한다.

    기분이 좋은 상태라면, 얼굴 가득 미소를 띠고 눈을 크게 뜨며 당신을 반길 것이다. 혹시라도 얼굴 전체가 아닌 입가에만 미소를 띤 얼굴로 당신을 반긴다면, 기분이 별로 일 것이다. 건성으로 반기는 투이면 기분이 아주 나쁘다는 증거이다. 기분이 나쁠 때 부탁해봐야 힘만 든다.

- 셋째, 상대의 기분이 괜찮다고 여기면, 상대방으로 하여금 친근감이나 친밀감을 느끼게 한다. 상대방에게 이러한 감정을 가지게 하려면, 상대방과 자신의 공통점을 사전에 파악하여 화제로 삼아야 한다. 가벼운 칭찬도 좋다. 설사 다르더라도 동질감을 느끼도록 상대방의 관심사에 흥미를 가지고 적극적으로 경청하면 상대방은 호감을 가질 것이다.

- 넷째, 자존심 때문에 무엇을 부탁하러 왔는지 모르게 애매모호한 말을 해서는 안 된다. 부탁할 내용을 명료하고 간결하게 요약하여 정중히 말한다. 부탁의 내용을 요약해서 말함으로써 상대방의 시간을 많이 빼앗지 않아야 한다. 상대방의 시간을 많이 빼앗게 되면 역효과를 가져온다. 특히 부탁하고자 하는 바가 무엇인가를 상대방이 쉽고 정확히 파악할 수 있도록 말해야 한다.

- 다섯째, 어려운 일을 부탁할 때에는 부탁과 더불어 반드시 보은할 것을 말한다. 상대방에게 자기의 부탁을 들어주면 나중에 이에 대한 보답을 꼭 하겠다는 말을 하게 되면 거절하려던 사람도 부탁을 들어 줄 가능성이 높다.

- 여섯째, 조그만 부탁이라도 상대방이 흔쾌히 들어주면, 진심으로 감사의 말을 하여야 한다. 전혀 감사의 뜻을 나타내지 않거나, 마지못해서 하는 감사 표시는 상대방에게 불쾌감을 줄 수 있다.

2) 상처 주지 않고 거절하기

거절의 대화란 남의 부탁을 들어주지 않고 물리치는 대화를 뜻한다. 강도 높은 거절을 '거부'라고 한다.

대인 관계를 맺으면서 생활하다 보면, 남으로부터 부탁을 받고 이것을 거절해야 할 경우가 있다. 그동안의 인간관계에 금이 가지 않게 하거나 단절되지 않도록 하면서 능숙하게 거절한다는 것은 쉽지 않은 일이다.

세계적인 과학자 아인슈타인은 이스라엘 건국 초기 대통령직을 제안받았을 때 그는 이런 말로 거절했다고 한다.

"굉장히 영광스런 제안이지만 거절하고 싶다. 나는 우주의 법칙은 잘 알지만 인간에 대해선 모른다. 더욱이 대통령은 자신의 신념에 반하는 일도 해야 하는 위치다. 나는 그렇게는 할 수 없다."

거절을 결정했다면 이젠 적절한 거절 방법을 취해야 한다. 거절할 때 유의할 점은 다음과 같다.

- 첫째, 상대방이 납득할 수 있는 거절의 구체적인 이유를 들어 분명하게 말한다.

  먼저 상대방의 입장에 서서 깊이 생각해 본 뒤에 도저히 들어주기 어려운 부탁일 경우에는 "하지만 저도 도와드리기 힘든 상황입니다."라고 하며 상대방이 이해할 수 있는 거절의 이유를 열거하면서 분명한 거절을 해야 한다.

- 둘째, 부드러운 어조로 완곡하게 거절한다.

단호하고 오만하게 경멸하는 어조로 거절하게 되면 상대는 매우 불쾌하게 생각하거나 원망하게 된다. 사정이 여의치 못하여 부탁을 들어주지 못해 미안하다는 뜻이 전달되도록 미안한 표정을 하고 부드러운 어조로 둘러서 거절한다. 거절하게 되면 상대방이 유쾌할 리가 없는데, 설상가상으로 마음에 상처를 입힐 말을 하여서는 안 된다.

> [소통 비결]   "I am sorry"
>
> 성공한 사람들이 가장 자주 쓰는 말은 무얼까.
> "죄송합니다(I am sorry)"라는 짧은 한마디이다.
> 미국 여론조사 기관인 조그비인터내셔널에 따르면, 연봉 10만 달러 이상인 고소득자가 연봉 2만 5000달러 이하의 빈곤층보다 두 배 정도 사과를 많이 한다고 한다.
> '미안하다'는 말은 성공적인 결혼생활에도 필수적이다. 성공한 사람은 자신의 실수에서 배우려 하고 인간관계의 복원에 관심이 많기 때문이다.

8. 인맥 관리하는 스킬

1) 사람이 재산이다

가장 중요한 일인 줄 알면서도 가장 안 하는 일은?

정답은 '인맥관리'다. 최근 한 헤드헌팅 업체가 직장인을 대상으로 '인맥관리의 필요성'을 묻는 질문에 96%가 중요하다고 응답했다. 반면 '실제 생활에서 인맥관리 를 잘 하느냐'는 질문에는 66%가 '그렇지 못하다'고 답변해 인맥관리의 중요성을 공감하면서 실제로 관리는 잘 하지 못하는 것으로 나타났다고 한다. 주된 원인은 현실에 쫓겨 활동 범위가 축소되기 때문이다.

사전적 정의를 한다면, 인맥은 정계·재계·학계 따위에서, 같은 계통·계열에 속하는 사람들의 유대 관계를 지칭한다. 인맥관리만 잘해도 사회활동의 절반은 성공한 셈이라고 흔히들 말한다.

비단 계보를 중요시하는 정치인이 아니라도, 원만한 대인

관계 그리고 인맥 관리는 성공적인 사회생활을 위한 기본이 된다. 예나 지금이나 시대가 변해도 변하지 않는 원칙 하나, 바로 사람은 곧 재산이기 때문이다. 사람의 성공은 사람 속에 이루어지며, 서로 도움을 주고받을 수 있기 때문이다.

인맥은 '창업'을 하는데 꼭 필요한 요소라고 경영학자들은 지적하고 있다.

사람은 아는 사람에게 자세히 알려주려고 하고, 도움을 요청받았을 때에 거절하기 어렵다. 사업을 확대하려고 할 때, 아는 사람이 많으면 많은 도움을 얻을 수 있다. 또 인맥은 경험의 외연을 확장해 줄 수 있다. 자신이 경험하지 못한 부분들을 자신이 맺고 있는 관계를 통해 간접 체험할 수 있다. 특히 자신이 해결할 수 없는 문제에 부딪쳤을 때, 그 분야의 사람의 능력을 빌려 문제를 해결할 수 있다.

혈연, 지연, 학연을 넘어서 적극적으로 자신을 알리고 인맥을 활용해 문제를 해결하는 사람을 '휴먼네트워크'가 뛰어난 사람으로 우리는 평가를 한다. 그들은 커뮤니케이션 스킬 또한 자신만의 방법으로 남보다 뛰어날 수밖에 없다.

2) 폭넓은 관계를 맺어보라

누구나 인생의 전환점이 된 만남이 있다. 성공하려면 폭넓은 인간관계를 갖고 이를 관리해야 한다. 성공한 사람에게는 반드시 이끌어 주고 도움이 주는 사람이 분명히 있다. 인맥을 잘 관리하는 것도 하나의 능력이다.

성공에 보탬이 되는 인맥 내지 친분 관리를 하려면 어떻게 해야 할까?

그 방법은 다음과 같이하면 좋다.

① 인맥에 대한 잘못된 인식을 바꾼다.

만약에 인맥이라고 하면 '빽(?)' 혹은 '줄'이라고 해서 부정적으로 생각하고 있다면 이번 기회에 인식을 바꾸어 보라. 인맥은 자신의 사회적 역량을 보여주는 바로미터임을 강하게 인식하고, 지금부터라도 사람들과의 관계를 소홀히 하지 말고 정성을 들이며 발전시켜 나가야 한다. 이를 위해선 현재 맺고 있는 관계를 점검, 개선해 나가는 동시에 새로운 관계를 형성하는 데도 부단히 노력해야 한다.

② 적극적으로 폭넓은 대인관계를 확대한다.

인맥관리를 잘 하려면 조금 더 부지런할 필요가 있다. 자기 직장 사람, 자기 일과 연관된 사람만을 상대함은 물론이고 외연을 넓혀, 다른 업종의 사람들과 관계를 맺는 것이 중요하다.

모임에는 조찬모임, 운동모임, 세미나 등이 있다. 이런 다양한 모임을 일부러라도 참석하는 '용기'를 가져야 한다. 이왕 모임에 나갈 거면 회원들과의 친분을 넓힐 수 있는 '총무직'을 주로 맡는 것도 인맥관리의 활동이다. 보통 총무직은 잡다한 일거리가 많아 다들 꺼려하게 마련이지만 성공하려면 적극적 태도로 활동하는 것이 좋을 것이다.

③ 선택과 집중을 하도록 한다.

새로 만나는 모든 사람과 끈끈한 사이가 될 수는 없을 것이다. 관계를 유지하기 위해서는 당연히 돈, 시간, 정성이 따라야 하기 때문이다. 선택과 집중을 해야 한다. 새로 만난 사람 중에서 인간관계를 발전시켜야 할 사람을 선별하도록 한다.

그리고 제외된 사람들에게도 이메일이나 문자 메시지나 연하장을 보내도록 해서 인연의 끈을 놓치지 않도록 한다.

④ DB화하여 연락과 만남을 갖도록 한다.

아무리 뛰어난 기억력을 가졌다고 해도 만났던 사람을 모두 기억할 수는 없다. 기억 못하면 관계도 소원해진다. 모든 인맥관리의 기본은 '개인 DB 관리'를 하는 것이다. 기본으로 제공하는 휴대폰이나 노트북의 인명관리 프로그램을 사용하면 좋을 것이다. 전화 한 통 먼저 거는 부지런함이 '마당발'로 만들어준다는 사실을 잊지 말아야 할 것이다.

⑤ 끈끈한 인간적인 관계로 만들도록 한다.

인생에 도움이 된다는 판단되는 상대방과의 관계를 끈끈한 인간적인 관계로 전환한다. 지위, 능력, 재산 등을 따지지 말고 나이와 성품으로만 판단하여 일보다 관계중심으로 인간관계를 맺도록 한다. 나이가 한살이라도 많으면 「형님!」이라 부르고, 한살이라도 적으면 「동생!」으로 부르며 접촉하는 것도 한 방법이다.

⑥ 지속적으로 관심과 접촉을 가지고 즐거움을 공유한다.

정기적으로 메일, 문자메시지, 전화로 연락을 주고받으며 상대방의 근황에 대해 관심을 갖도록 한다. 생일과 애경사를 내 일처럼 챙기며 식사, 술자리, 취미활동을 함께 하며 좋은 즐거움을 공유하도록 한다. 관계 유지에는 깔끔한 매너도 중요하다. 선물을 받았으면 거절하더라도 답례를 하라.

⑦ 협력 내지 현실적인 도움을 제공하도록 한다.

자신의 삶에 중요한 도움이 된다면, 현실적인 협력과 도움을 제공하며 상대방의 성장, 발전을 후원하도록 한다. 상대방이 기대하지 않았던 것, 상대방이 기대하는 것보다 많이 주어 마음으로도 감동시키며 내 사람을 만들도록 한다.

3) 상사의 눈에 들도록 하라

밖에서도 인맥 관리를 해야 하지만, 안에서도 하는 것이 더 중요하다. 직장인이라면, 기회가 있을 때 능력을 발휘해 상사 내지 인사권자 눈에 들 수 있도록 평소 계속 노력하고 있어야 한다. 상사는 '빽'이 되어주고 성공을 견인해주기도 한다.

심복(心腹)이란 말도 있다.

상사의 생각을 파악하고 교감하는 것이 중요하다. 이를 위해서 상사의 관심사와 이해영역을 간파할 필요가 있다. 보고서를 쓸 때도 상사가 이해할 수 있는 용어로 써야 한다.

오너가 어떤 부분을 중점적으로 보는가도 중요하다. 예를 들어 오너가 열린 경영, 오픈마인드를 주문한다면, 그 부분을 집중적으로 파고들어 무엇이든 성과를 보여줘야 한다.

무엇보다도 상사로부터 '믿을 수 있는 존재'라는 평가를 받아야 한다. 이를 위해 사소한 약속 하나라도 절대 놓치지 말아야 한다.

어느 직장인은 승진에서 누락됐어도 실망, 의기소침, 불만의 표정을 전혀 내보이지 않았더니, 즉 철저하게 표정관리를 했더니 의사결정권자가 도리어 미안함을 느끼는 것 같았고 다음 기회에 승진했다고 한다.

[관계 비결] 니콜라 사르코지 프랑스 대통령

프랑스 언론인인 카트린 네이는 '욕망이라는 이름의 권력'(배영란 옮김, 애플북스 펴냄)에서 베일 속에 가려진 사르코지 프랑스 대통령의 관계 비결을 밝히고 있다.

이민자 출신 아버지와 유대계 프랑스인 어머니가 이혼한 뒤 외할아버지와 함께 산 그는 「현재의 내 모습은 어린 시절 겪은 수치심의 총체다.」고 털어놨을 만큼 굴곡진 어린 시절을 보냈다. 정치엘리트 코스인 프랑스 국립행정학교 출신도 아니고 이민자 출신, 유대계, 이혼 가정이라는 열악한 조건에서 자랐지만 엘리제궁까지 입성하였다.

그의 일거수일투족이 좌충우돌하는 것처럼 보이지만, 사실 승리를 위해서는 '비굴할 정도로' 자신을 낮출 줄도 아는 인물이다. 세력을 등에 업기 위해 자크 시라크와 에두아르 발라뒤르 등 프랑스 정치 거물에게 충성을 다하고 있음을 보여 줬다. 발라뒤르가 사

> 람들이 자신을 좋아하고 존경하고 있다는 사실을 말해 주는 걸 매우 좋아하는 것을 안 그는 칭찬은 물론 심지어 그의 옷을 매만져 주고 머릿기름까지 발라 줬을 정도다.

제3부

행복한 관계를 위한 우리들의 소통

1. 사람들을 가깝게 만드는 대화의 기술

고대 로마의 철학자 키케로는 대화법을 연구해 나름의 대화술 비법을 내놓았는데, 그 비법들은 명쾌하게 말하기, 가로채지 않기, 예의 지키기, 얘기의 경중을 가려 말하기, 남을 비판하지 않기, 주제에서 벗어나지 않기, 자신의 얘기를 하지 않기, 흥분하지 않기 등이다.

1) 사람이 기회이다

의사였던 마이클 미간은 '어느 것이나 가능성이 있다. 만나는 사람이 기회이고 매일 아침은 변하고 성장하는 기회'라고 말했다.

우리는 타인을 필요로 하고 타인과의 관계를 필요로 한다. 그 이면에는 사람들과 친밀하게 사귀려는 '친교 욕구'가 동인(動因)이 된다. 이 욕구는 가족 · 친구 · 직장 동료 · 이웃 등과 친교를 맺고, 원하는 집단에 귀속되어 귀속감을 느끼고 싶어 하는 소속 욕구이다. 학자들은 견해에 따라 사회적 욕구 · 애정 욕구 또는 소속 욕구라고 부르기도 한다.

친교 욕구 → 타인과의 관계

 어떤 사람들은 많은 사람들과 사귀며 관계를 맺고 있으며, 그렇지 못한 사람들은 극히 소수의 사람과 관계를 맺고 있다.

 또한 어떤 다른 이들은 원만하고 즐거우며 사랑과 신뢰에 가득 찬 관계를 맺고 있는 반면, 어떤 이들은 주변 사람들과 사이가 나빠서 외로움과 공허를 느끼는 관계를 맺고 있다.

 직장에서 사람을 잘 다루어 일을 성공적으로 수행하는 사람이 있는가 하면, 사람들을 잘 리드하지 못하여 해야 될 일을 거뜬하게 해내지 못한다.

 그러면, 당신은 어느 편에 속하는가? 왜 이러한 차이가 발생하는가? 곰곰이 생각해보라!

사람은 본능적으로 '좋다, 나쁘다'를 가린다. 사람을 가려서 사귀려고 하면 이해타산적이 된다. 사람을 잘 사귀는 사람은 마음부터가 차별하지 않고 사람을 좋아한다.

물론 어떤 사람에게는 호감이 가지 않는 사람도 있을 수 있다는 반론이 제기될 수가 있으나 사람을 깊이 있게 사귀어 보면 감탄할 수 있고 또 사랑스러운 어떤 자질을 갖고 있다는 것을 알 수 있다.

미국에서 가장 인기가 있던 사람 중에 로저스(Will Rogers)라는 사람이 살고 있었는데, 그가 남긴 명언은 "나는 이제까지 나를 좋아하지 않는 사람을 만난 적이 없다"라는 말이다.

좀 과장된 말이라고 생각될지 모르지만 로저스 자신은 그것이 과장이 아니었을 것이다. 즉 그는 사람을 항상 좋아하고 있었기 때문에 마치 모든 꽃이 태양을 향하여 피듯이 모든 사람이 그에 대하여 마음을 열어 놓았던 것이라고 말할 수 있다.

2) 존중하는 커뮤니케이션을 하라

상대방과 유대관계를 형성하는 데는 관심과 더불어 세심한 대화의 기술을 요구된다. 친밀한 사이를 만들고 마음을 열어 공감을 나누는 대화의 진행에 필요한 기술들을 대화의 흐름과 함께 살펴보기로 하자.

우리는 초대면의 사람이나 아는 관계있는 사람을 비롯한 다른 사람들에게 사실 좋은 말만 골라서 말하려고 하거나 상대방의 반응이 어떨지를 몰라서 말을 꺼내지 못하기도 한다.

대화가 시작되는 계기를 만들려면 다음과 같이 하면 좋을 것이다.

첫째, 미소를 지으며 인사를 먼저 건네라. 인사는 바둑에서 선수를 잡는 것과 같이, 먼저 하는 사람이 유리한 입장에 서게 되어 대화를 주도하게 된다. 미소는 반가운 인상을 준다.

둘째, 조급하게 서두르지 말고 공통점 찾기를 목적으로 아무런 부담 없이 쉽게 대답할 수 있는 것을 물어보도록 한다. ① 하고 있는 일의 종류, ② 일하는 장소 또는 근무 환경, ③ 사업이나 회사의 구조, ④ 가족 상황 등을 자연스럽게 물어보며 공통점을 화제로 올려 대화를 나눈다.

여기서의 포인트는 공통된 경험을 통해 당신이 '상대와 비슷하다'는 것을 어필하여야 한다는 점이다. 유유상종이란 말이 있듯이, 사람들은 자신과 비슷한 사람을 좋아한다.

3) 공감하는 커뮤니케이션을 하라

기회가 되는 사람의 만남에는 휴먼 커뮤니케이션이 있다. 커뮤니케이션은 관계를 깊게 하기도 하고 깨뜨리기도 한다.

당신이 사람들과 교제하고 갖고 있는 좋은 정보를 제공하거나 설득하려면 제일 먼저 해야 할 목표는 무엇이라고 생각하는가?

두 사람만의 대화이든, 여러 사람들 앞에서 발언을 하거나 대규모 청중 앞에서 연설하든 간에 커뮤니케이션의 일차적 목적은 사람과 사람간의 공감(共感, sympathy)과 정보의 나눔이다.

사전에 의하면, 공감을 타인의 생각이나 의견 · 감정 등에 대하여 자기도 그러하다고 느낌, 또는 그런 감정이라고 정의하고 있다. 심리학적으로 공감은 타인의 사고나 감정을 자기의 내부로 옮겨 넣어, 타인의 체험과 동질의 심리적 과정을 만드는 일이라고 한다.

　백과사전에 의하면, 공감의 일종에 '동정(同情)'이 있고 한다. 이것은 18세기 이래 영국의 D.흄이나 J.A.스미스 등에 의하여 근대사회의 인간관계를 설명하는 원리로써 채택되어 왔는데, 엄격한 의미에서 동정과 공감은 구별되어야 한다. 동정은 타인의 사고 · 감정을 승인하고 상대에게 적극적인 감정을 지니는 것으로, 거기에는 보다 깊은 인간관계가 엿보인다.

2. 호감을 주는 친밀한 관계로 만드는 방법

1) 친밀함은 삶을 행복하게 한다

의학박사 딘 오니시는 잡지 〈타임〉의 표지와 다른 시사 잡지에 친밀함의 치유력에 관한 연구를 개척한 인물로 실린 바 있다. 그의 저서 『사랑과 생존』에서 결론을 이렇게 내린다.

"사랑받고, 성장하며, 관심과 지지를 받고, 친밀하다고 느낄 때는 훨씬 더 행복하고 건강해질 확률이 높다. 아플 확률이 훨씬 낮고, 만일 어려운 일을 겪고 있다면 그것을 극복할 가능성도 높아진다."

IT기기의 영상에 매달려 사는 현대인들 중에는 '외톨이'가 많이 늘어가고 있다. 영상은 가식적(假飾的)이다. 내면의 교류가 없다. 친밀한 사회적 유대관계가 없다면 고독하며 인생을 즐기며 살지 못할 수도 있다.

주위 분들에게 먼저 순수한 관심으로 다가가 보라.

다른 사람들이 자신에게 관심을 갖게 하기 위해서 멋진 옷차림을 갖추는 등 노력하는 사람들이 많다. 사람들은 당신이나 내게는 아무런 관심을 가지지 않고 자신에게만 관심을 가질 뿐이므로, 당신이 관심을 가지고 접근하지 않으면 친밀한 관계가 이루어질 수 없다.

"다른 사람들에게 관심이 없는 사람은 인생을 사는데 굉장히 어려움을 겪게 되고, 다른 사람에게도 해를 끼치게 된다."라고 심리학자 알프레드 아들러는 '인생의 의미는 무엇인가'라는 그의 저서에서 이와 같은 말을 하고, 인간의 모든 실패는 이런 유형의 인물에서 비롯된다고 한다.

2) 지속적인 관심을 기울여라

당신이 그 누구에게 관심을 기울이면 "당신의 중요성을 인정합니다."라고 말하는 것이 되어 좋은 인상과 호감을 얻을 수 있는 방법이지만, 서로 우호적이고 협력적인 관계가 이루어지기에는 다소 미흡하다.

우리는 친구를 얻으려고 상대방의 관심을 끌려고 애를 쓴다. 칭찬을 한다든가, 선물공세를 하더라도 별 효과가 없는 경우가 더 많다. 그 이유는 무얼까? 먼저 상대에게 순수한 관심을 정성스럽게 기울이지 않았기 때문이다.

설사 우리가 다른 사람에게 영향을 주어 그들이 우리에 갖도록 한다면, 실로 진실하고 성실한 친구를 사귈 수 없다

3) 이름을 잘 기억하라

인간이란 다른 사람의 이름 같은 것에는 일체 관심을 갖지 않으면서도 자기 이름에 대해서는 큰 관심을 갖고 있다. 사실 사람은 저마다 독특한 개성을 지니고 있는데 자기의 이름은 남과 구별되는 뚜렷한 자아를 표시한다.

이름을 불러주면 개개인을 차별화시켜주며, 많은 사람들 중에서 독특한 존재로 만들어 준다. 이 점이 마음을 움직이게 하는 원천이 된다. 그러므로 누가 자기의 이름을 기억하고 있다가 그것을 불러 주면 더 말할 나위 없이 기분이 좋은

법이어서, 시시하게 칭찬하는 말보다 한결 효과적이다.

이름을 기억하기 이전에 중요한 것은 먼저 그 사람을 기억하겠다는 욕구를 갖는 것이다.

4) 칭찬과 감사가 행복을 불러온다

칭찬하는 사람의 입장에서는 칭찬은 상대방에 대한 관심을 갖고 있으며 상대를 긍정하는 표현이며, 희망을 불어넣어 주는 너그러운 마음의 발로이다.

칭찬(praise)이라는 영어 단어는, 가치(Worth) 또는 대가(Price)를 뜻하는 프레티엄(pretium)이라는 라틴어 명사에서 나온 말이라고 한다. 이런 어원을 생각해 볼 때, 서양에서는 '값을 치른다.'는 의미를 내포하고 있다.

다음과 같이 실천하도록 하자.
첫째, 대인관계에서 우리의 친구들은 모두 인간이며 칭찬을 갈망하고 있다는 사실을 잊어서는 안 될 것이다. 우호적인 감사를 하라. 그것은 모든 인간이 즐겨하는 정당한 요구인 것이다.

 '매일의 생활 속에서 조금이라도 우호적인 감사의 자취를 남기도록 하자. 그러면 다음에 그곳을 지나칠 때 그 조그마한 우정의 불꽃이 장밋빛 횃불이 되어 길을 비쳐 주는 것을 보고 깜짝 놀랄 것이다.'라고 데일 카네기는 말했다.

 둘째, 우리의 장점이나 욕구를 버리고 다른 사람의 장점을 찾아내려고 노력하자. 그리고 아첨 따위는 잊어버리자. 솔직하고 진지한 마음으로 칭찬하자.
 "내가 만난 모든 사람들은 어떤 면에서 나보다 우수한 사람들이며, 그 점에서 나는 누구에게서나 배운다."라고 에머슨이 말한 바와 같이, 배운다는 자세로 타인의 장점을 발견하도록 노력을 해서 진심으로 찬사를 보내고 아낌없이 칭찬하자.

 로마의 철학자이자 정치가인 키케로가 이런 말을 했다.
 '감사하는 마음은 최대의 미덕일 뿐만 아니라 모든 행동의 근원이다. 감사 혹은 감사하는 마음은 하나의 유쾌한 정서이며, 다른 사람으로부터 자신이 은혜를 입고 있다는 감정이다. 특별한 혜택을 받은 사람이 그것이 값진 것으로 생각될 때, 은혜를 베푸는 사람이 희생한다는 생각이 들 때, 은혜를 받은 사람이 느끼는 감정이 곧 감사의 긍정적 정서이다.'

5) 미덕의 언어로 말하라

미덕은 인성이라는 광산에 존재하는 최상의 보석이고 인간 내면에 잠재한 위대한 힘이기도 하면서 인간이 추구하는 행복과 성공의 열쇠라고 할 수 있다.

이런 미덕을 꾸준히 연마하게 되면 감사와 용서와 배려등을 배우게 되면서 새로운 나를 발견하게 된다. 또한 이런 미덕들을 찾아내어 실천한다면 우리들의 잠재된 인성의 광산에서 보석을 찾게 되어 깨달음의 순간까지 도달하게 될 것이다.

버츄(미덕)프로젝트를 만들어 보급해온 린다 캐벌린 포포 여사는 존경, 인내, 자제와 같은 덕목들을 지적인 교육과 함께 습득하면 참다운 언어의 미덕문화를 뿌리 내리게 된다고 말한다.

우리들 내면에 축척되어 있는 잠자고있는 능력들을 미덕이라는 언어를 통해 깨어나게 해주면 자존감이 올라가 서로 격려하고 배려하는 공동체 즉 우리들의 아름다운 소통을 이뤄 낼 것이며 긍정적 문화로 변화되어 사회를 치유하고 세상을 치유하게 될 것이다.

마술의 언어라 표현할 수 있는 미덕의 언어는 감사, 배려, 봉사, 이상품기, 인내, 초연, 인정, 책임감, 확신, 소신, 정직, 신뢰, 사랑, 존중, 용서, 협동, 예의, 정돈, 신용, 열정, 너그러움, 화합, 목적의식, 기지, 끈기, 도움, 명예등 52가지로 표현하고 있다.

미덕의 보석들

감사	배려	유연성	창의성
결의	봉사	이상품기	책임감
겸손	사랑	이해	청결
관용	사려	인내	초연
근면	상냥함	인정	충직
기뻐함	소신	자율	친절
기지	신뢰	절도	탁월함
끈기	신용	정돈	평온함
너그러움	열정	정의로움	한결같음
도움	예의	정직	헌신
명예	용기	존중	협동
목적의식	용서	중용	화합
믿음직함	우의	진실함	확신

※2012 한국버츄프로젝트

[참고문헌]

카네기식 휴먼스피치 (박영찬 저/2012 시그마북스)
데일카네기 골든메시지 (박영찬 저/2014 매경출판)
카네기 인간관계론 (데일카네기 저/씨앗을 뿌리는 사람)
한국버츄프로젝트

최상의 아름다움

박영찬

눈이 마음의 빛이라면
피부는 몸의 거울이며
표정은 마음의 표상이다.

마음의 빛이 환히 빛날 때
인간의 마음은 동심으로 돌아가고

몸의 거울이 깨끗하고 탄력 있을 때
특별한 아름다움을 지니게 되며

마음의 표상이 살아 숨 쉴 때
향기 나는 인품이 드러난다

몸과 마음이 조화롭게 하나 되고
내면을 비추는 거울인 눈이 빛날 때
이것이 알파요 오메가요
최상의 아름다운 상태다.

출처 : 마음에 묻다 (박영찬 고은아의 휴먼포인트 / 빅애플)

부록

♣ 가족 간의 마음을 여는 커뮤니케이션 전략! "밥상머리 커뮤니케이션!"

어린 시절 교육이 평생을 간다는 말이 있다.

우리는 어려서부터 식사하기 전 윗분이 수저를 들기 전엔 함부로 들지 않고 연장자가 먼저 수저를 든 후에 식사를 하는 아름다운 미덕을 지녀왔다. 그것이 당연한 것인 줄 알고 예의와 존중, 배려를 길러 왔기에 동방예의지국이란 소리를 들어왔다.

가족 간에 식사시간 대화는 어떤 의미에선 인생에 있어 가장 소중하고도 살아있는 소통교육이 아닐까 생각해본다.

쌀 한 톨에 땀이 서 말이라는 농부들의 피땀 어린 노력 속에 우리가 편히 식사를 즐길 수 있고, 그러한 여유로운 마음 속에 진정한 인성이란 무엇인가를 배울 수 있는 시간도 될 수 있기 때문이다.

가정교육의 시작은 밥상 교훈으로부터 시작된다.

최근엔 서구화되는 음식 속에 서양식 음식 먹을 때 포크와 나이프를 사용하는 법을 먼저 가르치는 집안도 있다. 건배를 할 때는 잔을 보는 것이 아니라 상대방의 눈을 봐야한다는 와인 등에 대한 기본 매너교육을 시키는 것도 알고 보면 음식에 대한 소중함에서 상대를 배려하고 분위기를 리드하는 식사예절을 배우는 것이다.

 그리고 소소한 생활 속에 있었던 이야기를 자연스럽게 주고받음으로써 가족 간의 소통이 이루어진다는 것은 그 어떤 교육보다 소중한 가치를 느낄 수 있는 시간이 될 수 있다.

 자녀와의 소통에서 중요한 것은 먼저 세대차이부터 인정하는 것이다.

 가족이라는 이름으로 살고 있지만 서로 간에 얼굴 볼 시간이 별로 없다 보니 자연스럽게 대화의 시간이 줄어드니, 어떤 측면에선 밥상머리 교육이 아닌 식사를 통한 소통의 시간이 필요하지 않을까?

 과거의 어른들이 아날로그 세대였다면 지금의 아이들은 디지털 세대들이다. 아날로그 시대엔 전화나 직접 면담을 통한 대화가 주를 이루었지만, 요즘의 디지털 세대들은 문자나

카톡, SNS로 자기의 존재를 알리고자 한다.

　아이와의 소통을 위해선 식사 시간엔 주로 공부보다는 아이가 좋아하는 취미생활이나 관심사에 관한 이야기나 SNS에서 아이의 멋진 사진이나 좋은 글 등에 대한 칭찬과 인정으로 대화를 이끌어 나가는 것이 좋다.

　밥상머리 소통은 가족관계를 위한 소중한 시간이다.
　인간관계가 성공의 85%를 차지한다는 말이 있듯이 무엇보다 제대로 된 소통교육이 필요하다. 소통을 위해선 말이나 목소리 등 내용도 중요하지만 그 사람의 표정과 태도와 관련된 비언어적 요소는 더욱 중요하다. 식사시간을 통해 대화와 더불어 비언어적인 예절 등을 배운다면 자녀는 올바른 인성을 갖춘 훌륭한 사람으로 성장하게 될 것이다.

　식사를 위한 예절교육을 정리하면 다음과 같다.
　1. 먹을 만큼만 음식을 담고 담은 음식은 다 먹을 수 있게 교육을 시킨다.
　2. 윗분이 수저를 들지 않을 경우는 먼저 수저를 들지 않는다.
　3. 모임에서 테이블 구성원들이 자리에 앉기 전에는 먼저

식사하지 않는다는 것을 강조한다.

3. 식사를 하기 전엔 농부들에게 감사하는 마음으로 5초 정도 기도를 한 후에 식사를 한다.

4. 행복한 식사를 위해 사랑스러운 분위기를 조성해 본다.

5. 아이와의 소통을 위해 아이의 관심사나 소소한 일에 귀 기울이고 경청해보자.

6. 식사 시 한 가지 정도의 칭찬과 인정을 통한 소통으로 열린 마음을 갖게 만들자.

♣ 부부간의 마음을 여는 커뮤니케이션 전략! "베갯잇 커뮤니케이션!"

 부부관계란 배경이 서로 다른 환경에서 성장한 두 남녀가 결혼으로 가정을 이룬 융합할 수 있는 인간관계이기에 그 무엇보다 서로의 생각이나 느낌, 감정과 태도, 부드러운 목소리를 통해 사랑의 소통이 이루어지게 만드는 노력이 필요하다.

 사랑을 위한 소통에서 중요한 것은 먼저 서로에 대한 무관심부터 깨뜨려야 한다.

 사람들은 자신에게 관심을 가져주고 이야기를 잘 들어주는 사람에게 호감이 간다. 부부대화는 감정적인 대화가 이루어질 수 있으므로 아무리 사랑하는 사이라 해도 관심이 없거나 경청을 해주지 않는다면 불통의 시작만 있을 뿐이다. 따라서 상대방의 말을 잘 경청하면서 오감으로 느낄 수 있는 열린 마음이 필요하다.

그리고 서로에 대한 지나친 집착 또한 갈등을 조장한다.

집착이 아닌 순수한 관심에서 우러나온 집중이 바로 호감을 불러일으킨다는 것을 명심하자. 부부간에 먼저 미소 짓고 인사하고, 서로의 이야기를 경청하면서 인정하는 사랑의 습관을 갖도록 해보자.

이제부터 부부간의 사랑을 위해 언어 선택에 조금 더 신경을 써 보자.

상대방이 말을 하면 그쪽으로 시선과 몸을 돌리고, 즉각적으로 긍정적으로 반응을 해보자. 이불속에서 사랑의 시간들은 중요한 감정의 교감을 위한 시간임을 잊지 말아야 한다.

사랑을 위한 부부간의 소통을 위해선 서로간의 호감을 갖기 위한 방법이 필요하다.

인간의 신체 중에 가장 자극적인 부분은 바로 손과 혀(입술)이다.

베갯잇 소통에 있어 중요한 것은 바로 손을 통한 신체적 접촉, 그리고 입술을 통한 연인끼리 키스가 두 사람의 사랑을 이어주는 매개체 역할을 할 수 있다.

♣ 롱다리쌤(윤혜숙)의 "다섯손가락 커뮤니케이션!"

"모든 것은 내 마음에 달려있다"라는 말을 우리는 흔히 "내 손에 달려있다"라고 표현 한다.

그런 중요한 손이 우리에게 주는 의미는 무엇일까?

남들에게는 잘 되는 것들이지만 가까운 사람들에겐 참으로 어려운 행위들이기에 부모교육을 15년 동안 해 오면서 얻은 경험을 바탕으로 부모-자식간 소통을 위한 실천 훈련을 다섯 손가락의 지혜에 모아 보았다.

이 운동은 자녀들의 기(氣)를 살려주는 운동임과 동시에 그들의 자아형성에 참으로 소중한 자존(自尊)감을 높여주는 운동이기도 하다.

인간은 대부분 자존감이 높을 땐 한 없이 행복해지고 그 자존감이 떨어질 땐 열등감이 높아져 화를 내고 분노를 참지 못하게 되어 옆 사람에게 안 좋은 영향을 미치게 된다.

그것을 콤플렉스라 하고 그건 상처 받은 순간으로 부터 시작된다.

더구나 부모의 자녀에 대한 모든 행동도 본인의 상처 즉 트라우마에서 나오기에 자녀들이 참되고 올바른 인성을 갖기 위해선 먼저 부모가 바뀌어야 하고 가정이 바로 서야 한다.

따라서 말로만 하는 교육이 아니라, 자녀를 어떤 마음으로 대하고 소통해야 하는지 몸소 실천하고 보여주는 것이 중요하다는 생각에 착안해 보았다.

"불행한 부모 밑에 행복한 아이 단 한명도 없다"라는 속담처럼 결국 내가 행복해야 아이도 가족도 행복해 진다는 사실을 명심하면서 다섯 손가락 운동에 대해 살펴보자.

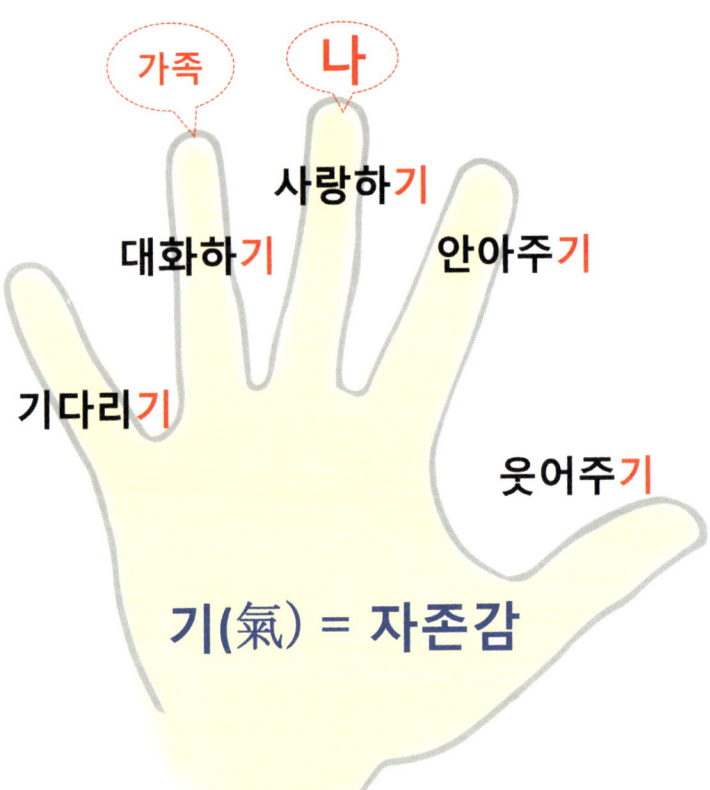

각 손가락마다의 의미를 하나씩 살펴 보기로 하자

첫째) 대지(엄지손가락) ==〉 웃어주기

엄지는 최고 또는 리더를 상징한다.
"네가 최고야" "네가 짱이야" 라고 할 때 우린 흔히 엄지손가락을 들면서 활짝 웃으며 얘기한다. 그래서 우리 아이가 조금 미운 행동을 해도, 성적이 떨어져도 그냥 웃어주자. 그러면 애들은 달라지기에 부모의 으뜸덕목이라 할 수 있다. 미소 짓고 웃는 부모를 보면 아이들은 마음이 열려 부모님을 좋아하고 따르게 된다.

여기에 한가지 **"스마일 운동"**을 제안해 본다.

스 : 스치면 웃어보고
마 : 마주보면 웃어보고
일 : 일부러라도 웃어보자

둘째) 검지 (집게손가락) ==〉 안아주기

우린 늘 둘째손가락을 내밀며 "너 때문이야" 라고 말한다.

모든 것이 내 탓이 아니고 늘 상대의 탓으로 돌리는 우리들의 잘못된 습성이다.

그러나 손 모양을 보라. 분명 상대방의 잘못은 한가지지만 나를 가르치는 세 개의 손가락이 있다. 즉 상대의 잘못도 분명 있지만 나에게도 세가지의 잘못이 있다는 뜻이다.

예를 들면 상대를 헤아리지 못한 나의 성향, 또 우리 집 부부의 성향, 아울러 사회의 문화현상 등이다.

그것을 '1대 3의 법칙'이라 칭하고 늘 내 탓이 더 많음을 상기시켜 보는 것이다. 그런 의미로 "네 탓이야"라고 하고 싶을 때 그저 안아보자는 의도이다. 상대방을 안아주는 것은 이해하고 인정하는 것이기에 따뜻한 포옹 속에 격한 감정이 내려감을 알 수 있다.

그래서 1분 이상 안아보는 습관을 들여 보자, 많은 교류가 일어날 것이다.

셋째) 중지 (가운뎃손가락) ==〉 사랑하기

이 세상에서 가장 소중한 사람은 바로 나다.

'나를 소중히 여기지 못하면 남도 소중히 여기는 방법을 모른다'라는 옛말이 있듯이 나를 사랑해본 적이 있는 사람이 남도 사랑할 줄 안다는 뜻일 것이다.

가운데 손가락이 가장 높이 서 있기에 그걸 나라고 생각해보자. 내가 제일로 우뚝 서서 나를 사랑할 줄 알아야 아이도, 배우자도, 남도 사랑할 수 있다. 그러나 사랑은 내가 얼마를 주는가가 아니고 받는 사람의 몫이라 생각한다. 내가 아무리 많은 사랑을 주었다 하더라도 상대가 그걸 느끼지 못하면 결코 진정한 사랑이라 할 수 없을 것이나 부족하다 느끼는 사랑이지만 진정으로 존중하고 믿어준다면 상대는 아주 많은 사랑을 받았다고 느끼게 될 때 진정한 사랑이라 말 할 수 있게 된다.

넷째) 약지 (약손가락) ==〉 대화하기

대화는 세상을 살아가면서 인간관계를 맺는데 매우 중요한 몫을 차지한다.

마음과 달리 표현이 잘못되어 관계를 잘 맺지 못하고 오해를 불러 일으켜 불행하게 되는 경우를 많이 보게 된다.

특히 가장 좋은 관계를 맺어할 가족에게 말로 상처를 주게 되면서 불행하게 되는 경우를 종종 볼 수 있다.

잠시 멈추고 상대의 감정을 읽어 주고 잠시 기다렸다가 적절한 타이밍이 될 때 설득을 해보라. 관계가 훨씬 좋아지면서 속마음을 다 털어 놓아 속이 시원함을 느끼게 해준다. 이것이 진정한 사랑의 대화라 할 수 있을 것이다. 더구나 내 자식에게는 늘 "난 너를 사랑하기에 함께 있어서 행복하다"는 것을 끊임없이 말해주는 습관화된 생활태도가 필요하다.

다섯째) 소지 (새끼손가락) ==〉 기다리기

소지는 약속의 상징한다.

'기다린다는 것'

과연 언제까지 해야 할까.

자녀가 잘 행해 나가든, 잘못된 행동을 하던지 그 어떤 일을 해도 묵묵히 지켜보면서 때론 자녀 손을 잡아주고 기다리는 것이 부모의 헌신적인 사랑이다. 언제까지 해야 할까?

그것은 바로 생을 마감하는 그 순간까지 함께 하는 것이 지극한 부모의 자녀에 대한 사랑이 아닐까?

소통이란 바로 이런 것이다. 나의 마음을 자녀에게 나눠주고 자녀의 마음을 이해하고 공감할 수 있는 것.

나를 알면서 통하고, 상대를 이해하면서 통하고, 그래서 우리로서 통하는 세상, 이것이 바로 통(通)통(通)한 커뮤니케이션으로 가는 길이다.

통(通)통(通)한
커뮤니케이션

초판 인쇄　　2016년 12월 12일
초판 발행　　2016년 12월 19일

지은이　윤혜숙
발행인　임수홍
편 집　안영임
디자인　맹신형
기 획　코리아플러스
영 업　김용채

발행처　도서출판 국보
주 소　서울 강동구 양재대로 114길 32　2층
전 화　02-476-2757~8　FAX 02-475-2759
카 페　http://cafe.daum.net/lsh19577
E-mail　kbmh11@hanmail.net

값　12,000원

ISBN　979-11-86487-65-5

· 저자와의 협약에 의해 인지는 생략합니다.
· 이 책의 글은 저작권법에 따라 보호를 받는 저작물이므로 저자와 출판사의 동의 없이는 무단 전재 및 무단 복제를 금합니다.
· 잘못된 책은 바꾸어드립니다.

「이 도서의 국립중앙도서관 출판예정도서목록(CIP)은 서지정보유통지원시스템 홈페이지(http://seoji.nl.go.kr)와 국가자료공동목록시스템(http://www.nl.go.kr/kolisnet)에서 이용하실 수 있습니다.(CIP제어번호: CIP2016030277)」